POINTS
VIVRE

UNE COLLECTION D'ÉPANOUISSEMENT INTÉRIEUR
Dirigée par Anne Ducrocq

On naît, on grandit, on vit, on prend des coups, on s'étonne. On esquive, on mûrit, on guérit, on avance. Et parce que la vie est la vie et qu'elle nous veut du bien, on rencontre sur le chemin des livres de sagesse et d'épanouissement intérieur : on y apprend à respirer avec le cœur ; la vie s'y faufile, vaste et libre, toujours en train de commencer.
Car il ne suffit pas d'être né, il faut renaître à l'essentiel.

Des histoires personnelles aux expériences universelles, de la foi au combat spirituel, des épreuves à l'amour, des blessures à la fin de vie,

tout est à vivre.

A. D.

LA VIE EST
UNE CÉLÉBRATION

DU MÊME AUTEUR

Tout est en vous
Paroles d'Amma
« Points Vivre », n° P4182, 2015

Ce qu'Amma dit au monde
Enseignements d'une sage d'aujourd'hui – I
« Points Vivre », n° P4672, 2017

Le Choix du cœur
Enseignements d'une sage d'aujourd'hui – II
« Points Vivre », n° P4891, 2018

Mata Amritanandamayi

LA VIE EST UNE CÉLÉBRATION

Conseils d'Amma pour la vie quotidienne

Édition établie par Valérie Servant

Traduit de l'anglais par Embracing the World

Points

Les extraits proposés ont été sélectionnés par Valérie Servant parmi les discours et paroles prononcés par Mata Amritanandamayi, dite Amma. Ils ont été retranscrits et traduits par les membres d'Embracing the World, le réseau des œuvres humanitaires d'Amma.
Les titres donnés aux textes sont de la main de Valérie Servant.

Photographie page 7 : © MA Center

ISBN 978-2-7578-7999-3

Mata Amritanandamayi Devi (Amma)

Soyez de ceux qui tendent la main
aux autres pour les aider.

AMMA

Amma : l'amour qui agit

Tout est en vous, le premier agenda de citations d'Amma, publié en 2015, en « Points Vivre », a été un succès considérable. Les retours ont montré à quel point ces citations quotidiennes pouvaient éclairer une journée, faire réfléchir, soutenir les pratiques spirituelles, bref être une vraie petite pilule de *boost* particulièrement bienvenue dans les moments difficiles. L'idée d'un second agenda a donc naturellement germé afin de continuer à nourrir cette dynamique tout en renouvelant la proposition quotidienne de lecture.

Voici en conséquence un bouquet de trois cent soixante-cinq nouvelles citations d'Amma. Le patient travail du choix de ces citations par Valérie Servant s'est orienté vers la mise en avant de notre quotidien. En effet, Amma ne sépare pas la spiritualité et la vie, la méditation et l'action, le dedans et le dehors, l'esprit et la matière, la nature et Dieu. Rappelez-vous, tout est UN.

C'est dans notre quotidien que tout se joue, là qu'un savoir-faire ou savoir-être peut nous faire vivre chaque situation comme une opportunité d'ouverture, de lâcher prise et d'expansion, comme une chance de faire de la vie une célébration.

Une autre idée pour ce choix de citations a été de se référer à différentes journées internationales célébrées tout au long de l'année – Journée de l'éducation, Journée des droits des femmes, Journée de la paix, etc. – pour ainsi se relier les uns aux autres, s'impliquer dans la société aujourd'hui. L'apport d'un *mahatma*, une « grande âme », comme Amma sur les thèmes majeurs de notre monde actuel est essentiel. Dans une civilisation en perte de repères, qui donne toute puissance à l'ego apprenti sorcier, une civilisation de l'avidité menant à la frustration et à la destruction, des paroles simples et profondes, affirmées avec l'autorité de quelqu'un qui incarne l'amour inconditionnel, peuvent nous réveiller et éviter le pire.

Comme vous pourrez le découvrir dans la courte biographie qui suit, Amma n'est pas une personne ordinaire, c'est le moins que l'on puisse dire. Dans la grande tradition de l'Inde spirituelle, elle représente le *summum bonum*, un être libre de l'ego, établi dans le Soi, pure conscience divine. C'est là en fait notre véritable identité, l'amour inconditionnel, la joie qui demeure, la clarté de vision, celle des *rishis*, ces sages dont parlent les Vedas[1]. Cette affirmation n'est pas une spéculation ou une croyance, mais une réalité vécue par des milliers de chercheurs spirituels depuis des millénaires avant Jésus-Christ jusqu'à nos jours.

J'ai passé une partie de ma vie en présence de ces sages, ces êtres libres, et je dédie les années qui me restent à vivre, à la découverte en moi de « cela que j'ai vu en eux ». *Tat tvam asi*, nous dit la Chandogya Upanishad[2], « Tu es Cela ». Je me sens dans une certaine obligation de tenter d'incarner au mieux cette déclaration, ne serait ce que par gratitude pour tout ce que ces maîtres ont fait pour moi.

Toute action, parole et pensée d'Amma émane de cette pure conscience, et non pas d'une des facettes de l'ego qui n'est concerné que par ce qui l'intéresse. Un être ordinaire pense avec son mental embrouillé, un sage voit avec son cœur pur. Ses paroles, expression de la vision de ce cœur pur, sont paroles de vérité. À nous de les recevoir dans un cœur aussi ouvert et purifié que possible. Nous pouvons alors bénéficier de

1. Les Vedas sont les textes sacrés, révélés aux *rishis*, qui transmettent les vérités ultimes et éternelles. Ce sont les textes fondamentaux du Sanatana Dharma, autre nom de l'hindouisme.
2. Upanishad : textes révélés aux *rishis* dans leur méditation, constituant la fin des Vedas, traitant de la non-dualité ultime, la vérité suprême.

précieux conseils pour éviter la souffrance, être plus détendus, agir de façon appropriée et nous réajuster à l'harmonie de la vie.

L'enseignement d'Amma réussit cette prouesse, propre aux grands maîtres spirituels, de traduire les enseignements des Vedas et leurs valeurs universelles en langage du XXIe siècle, partant de là où nous sommes, pour nous emmener, lorsque nous sommes prêts, vers les plus hauts sommets de la métaphysique. Son langage est simple, souvent imagé, et accessible à chacun. Pour Amma, rien n'est insignifiant, tout est sacré, imprégné de pure conscience. Quelle que soit notre situation, ses paroles nous parlent, de nous et de notre vie de tous les jours. Chaque jour est nouveau, vivons-le pleinement de seconde en seconde, éclairés par ces paroles de sagesse que nous pouvons mettre en pratique. Voyons ce qui peut nous aider, nous élever, faire que nous puissions voir le soleil derrière les nuages de difficultés qui sont notre lot. Le soleil est toujours là, derrière les nuages, le soleil de l'amour et de la joie, qui ne demande qu'à briller.

Si certaines de ces citations ne vous touchent pas, ou si même elles vous font réagir parce que vous n'êtes pas d'accord, observez, notez, et laissez faire. Il vous manque peut-être certaines clés, et si vous voulez faire le meilleur usage de ce petit livre, ne vous attachez pas à vouloir tout comprendre, mais laissez ces paroles de vie travailler en vous. Accrochez-vous à celles qui vous font vibrer et ouvrent votre cœur.

Dans la joie du partage, bon cheminement,
Swamini Amritajyoti Prana,
représentante d'Amma en France

Nota bene

Le mot *Dieu* est utilisé par commodité. Dans la tradition dans laquelle s'inscrit Amma, ce monde est la manifestation, sous une infinité de formes, d'une unique « énergie » d'amour et de lumière. Cet unique est Dieu, le Divin, la Mère divine. Il nous renvoie à ce mystère insondable qui nous dépasse, la Conscience suprême, l'Absolu, le Tout, la Vacuité, l'Amour inconditionnel, la Paix qui dépasse tout entendement, la Joie qui demeure, etc.

Cette énergie d'amour et de lumière est notre vraie nature. Le *Soi*. Le divin en nous.

C'est le *mental* qui nous empêche d'y avoir accès, il recouvre notre vraie nature, par ses conditionnements, ses croyances, ses peurs et ses désirs.

Le mental et l'*ego* sont ce qui voile notre vraie nature… et ils voudraient se faire passer pour elle…

L'ego divise le monde en deux : ce qui lui convient et ce qui ne lui convient pas. Son monde est celui de la dualité, donc du conflit, de la peur, de la séparation, de l'exclusion, de la souffrance… La libération de toutes ces « tendances négatives » n'est pas une mince affaire. L'être humain « ordinaire » est identifié à l'ego et à ce qui le constitue, c'est-à-dire son corps et son mental : ses pensées, ses croyances, ses émotions, ses désirs… Dans ce monde de l'ego, il y aura toujours souffrance, insécurité, tensions…

Être libre de l'ego, donc de la souffrance et de la peur, être établi dans la paix et la joie immuables, voilà l'exigeant et passionnant jeu de cache-cache auquel Amma nous invite.

Brève biographie

Soudhamani naît le 27 septembre 1953 dans une famille de modestes pêcheurs avec douze frères et sœurs, sur la côte du Kerala, au sud de l'Inde. Dès cinq ans, elle montre des aptitudes mystiques exceptionnelles. Elle se consume d'amour pour le divin et compose déjà des chants dévotionnels.

Elle n'a que neuf ans lorsque sa mère tombe malade. L'entière responsabilité de la maison repose alors sur les épaules de la petite fille. Elle est contrainte de quitter l'école mais offre à Dieu ses longues heures de travail.

À treize ans, elle vit sa première extase. Après de rigoureuses et austères pratiques spirituelles, elle est de plus en plus souvent en profonde méditation : elle y reste pendant des heures, parfois des jours sans manifester extérieurement le moindre signe de conscience.

Parallèlement, l'enfant ressent un appel à servir les plus démunis et se montre très attentive à eux. Elle vole à ses parents du beurre et du lait pour aller les distribuer aux pauvres – qu'elle tente de réconforter, aussi bien matériellement que physiquement, en les prenant dans ses bras. Une attitude qui peut paraître spontanée mais qui, à l'époque, se révèle être une honte pour toute sa famille : une jeune fille indienne ne doit pas toucher d'autres personnes, encore moins des hommes, et que dire de celles appartenant à une caste différente…

Adolescente, ses extases deviennent plus fréquentes. Les membres de sa famille et les villageois sont absolument incapables de la comprendre ; elle ne se comporte pas comme une jeune fille normale. Mais rien ni personne ne l'arrête dans sa mission.

À vingt ans, Soudhamani dégage déjà une aura considérable : on vient de très loin pour la rencontrer et une communauté de disciples voit le jour. Progressivement, la jeune fille va être reconnue comme un de ces êtres d'exception que l'Inde appelle des *mahatmas*[1], des Grandes Âmes libres de l'ego, et prendre le nom d'Amma (Mère). Pour ceux qui sont à ses côtés, elle s'impose comme une incarnation féminine de la divinité.

En 1975, à vingt-deux ans, elle quitte le domicile familial et se retrouve contrainte à vivre sans abri. La légende raconte qu'elle a alors pour toit le ciel, pour

1. C'est un chef spirituel, une « Grande Âme », qui s'est imposé par sa sagesse et son ascétisme. Sorte d'équivalent du saint chrétien.

lit la terre, pour lampe la lune et pour éventail la brise de la mer. Les oiseaux et les autres animaux lui tiennent compagnie et deviennent ses fidèles amis. Ils lui apportent de la nourriture et la servent.

C'est alors qu'Amma commence à révéler sa véritable mission : soulager la souffrance du monde et guider les pas des chercheurs spirituels. Depuis, inlassablement, dans quarante pays et sur les cinq continents, elle étreint et agit. Et son *darshan*[1], son étreinte, inspire à de nombreuses personnes l'envie de se mettre bénévolement au service des plus éprouvés par la vie.

En 1981, le premier de ses *ashrams*[2] voit le jour sur les lieux mêmes de sa naissance. En 1987, à trente-trois ans, elle fait son premier tour du monde.

Aujourd'hui, son temps est partagé entre son *ashram* principal en Inde et les tournées qu'elle fait chaque année aux États-Unis, en Europe, au Japon et en Inde. Elle y rencontre disciples, fidèles et simples curieux venus vivre l'expérience du *darshan*. À ce jour, on estime à 40 millions le nombre de personnes qu'Amma a serrées dans ses bras. Partout dans le monde, il existe des communautés qui se retrouvent autour de son message : « L'amour et la compassion

1. Bénédiction procurée par la vision d'un saint, d'un sage.
2. Ermitage ou résidence d'un sage.

envers ceux qui sont pauvres et ceux qui souffrent constituent notre devoir envers Dieu. »

Pour en savoir plus
Site Internet des activités d'Amma en France :
http://www.etw-france.org
Site Internet des activités d'Amma dans le monde :
http://fr.embracingtheworld.org
Page Facebook : Amma en France ETW

JANVIER

1er janvier – Notre vie peut devenir une fête

La joie devrait illuminer les trois cent soixante-cinq jours de l'année, et non une seule journée. Notre vie entière devrait devenir une fête ! La spiritualité nous enseigne le moyen d'y parvenir. Dieu est la personnification de la compassion et il tend humblement les deux bras vers nous pour recevoir notre ego. L'ego, voilà l'offrande que Dieu préfère, et c'est cela qu'il faut lui donner. Si nous n'y sommes pas prêts, Dieu trouvera un moyen de l'extirper ! Il sait que nous ne pouvons connaître le vrai bonheur qu'une fois cela accompli. Cet abandon à l'Être suprême purifie le mental et l'intellect. C'est ainsi que notre vie peut devenir une fête.

2 janvier – Il existe des règles

Quand on conduit sa voiture au gré de sa fantaisie, sans respecter le code de la route, on a toutes les chances d'avoir un accident et même d'en mourir. Il existe des règles de la circulation et il faut les suivre. Ainsi, Dieu n'a pas seulement créé toute chose ; il a également établi des règles pour tout et nous devons vivre en accord avec elles.

Mangez uniquement ce qui est nécessaire. Ne parlez que quand c'est nécessaire. Dormez le temps qu'il vous faut mais pas plus. Tout excès crée des problèmes.

Consacrez le reste de votre temps à faire de bonnes actions. Ne gaspillez pas un seul instant de votre vie. Essayez de faire en sorte que celle-ci soit bénéfique pour les autres aussi.

3 janvier – **Mer de la tranquillité**

Si vous ne recherchez que les plaisirs extérieurs, jamais vous ne trouverez la paix. Apprenez à regarder à l'intérieur, là où réside la vraie béatitude. Mais vous ne la découvrirez pas avant que le mental ne cesse de s'élancer vers l'extérieur, avant qu'il ne soit tranquille. Dans les profondeurs de l'océan, il n'y a pas de vagues. Vous découvrirez que quand vous entrez dans les profondeurs de votre mental, il se calme aussitôt. Alors il n'y a plus que la béatitude.

4 janvier – **Prendre soin du vivant**

Si vous aviez l'attention juste, cette plante aurait-elle dépéri ? C'est parce qu'elle n'a pas été arrosée à temps qu'elle s'est desséchée. Il suffit de regarder les plantes qui entourent un pratiquant pour connaître son degré de vigilance envers le monde. Qui aime Dieu aime tous les êtres vivants et en prend soin.

5 janvier – Accomplir son devoir de vie

L'amour est le phare le plus ancien et le plus moderne à la fois. Seul l'amour peut élever le mental humain des bas-fonds jusqu'au royaume infini du Soi. De plus, l'amour est le seul langage qui soit compris de toute la création : c'est le langage universel du cœur.

« Amour », « bénédiction », « grâce » et « compassion » sont en fait synonymes du mot Dieu. Ces qualités, ou Dieu, ne sont pas multiples mais Un. Cette grâce, cette bénédiction sont partout présentes, dans chaque atome. Quand nous accomplissons notre devoir de vie avec joie, le cœur ouvert, cette puissance et cette grâce pénètrent en nous.

6 janvier – Donner aux enfants ce dont ils ont vraiment besoin

Il est nécessaire que les parents cultivent la conscience du devoir, des valeurs spirituelles, chez leurs enfants dès le plus jeune âge. Aujourd'hui, nombreux sont les parents qui se contentent de mettre un smartphone dans les mains de leur enfant dès qu'il commence à pleurer. Cet objet permettra peut-être d'apaiser un instant sa colère. Mais si les parents ne cultivent pas aussi les valeurs spirituelles chez leur enfant, il pourrait finir par pleurer jusqu'à la fin de ses jours. Ce sont ces valeurs qui confèrent aux enfants la force d'affronter et de surmonter tous les chagrins et les difficultés de la vie.

7 janvier – Maîtriser le mental

Les circonstances de la vie ne cesseront jamais de changer. Le changement est la loi immuable de la nature. Cependant, c'est nous qui transformons ce que nous vivons en expériences douces ou amères, c'est l'œuvre de notre mental et de notre attitude.

Le chagrin continuera de nous poursuivre tant que nous serons incapables de contrôler notre mental. Mais dès qu'il aura été maîtrisé, plus aucun problème, plus aucune tragédie ne pourront nous anéantir ou nous paralyser.

8 janvier – L'amour est déjà en nous

L'amour est la religion universelle. C'est ce dont la société a vraiment besoin. L'amour devrait s'exprimer dans toutes nos paroles et dans toutes nos actions. L'amour parfait est déjà en nous. La vie et l'amour ne sont pas deux choses séparées ; ils ne font qu'un.

9 janvier – Tout est le maître spirituel

Être disciple, c'est s'abandonner. Lorsque l'on devient réellement un disciple, tout, dans l'univers, devient un maître spirituel. Si nous n'avons pas cette attitude, nous n'apprendrons rien, quel que soit le nombre d'expériences que nous traversons.

10 janvier – Accepter la nature de l'autre

Deux voyageurs décidèrent de passer la nuit dans une auberge près de laquelle se trouvait une mare. L'un d'entre eux ne put supporter le bruit que faisaient les grenouilles et les criquets. Voyant sa détresse, son compagnon lui dit : « Les grenouilles coassent et les grillons chantent la nuit ; ils sont ainsi faits. Nous n'allons pas les changer. Pourquoi s'énerver ? Allons au lit. » Sur ces paroles, il alla se coucher. Mais l'autre homme, incapable de fermer l'œil, quitta l'auberge en quête d'un endroit plus paisible où dormir. Mais il ne put dormir nulle part, car partout où il allait, il y avait du bruit qui le dérangeait. Son ami, sachant que la nature des grenouilles est de coasser et celle des grillons de chanter, ignora le bruit et dormit sereinement. Ainsi, ce que les autres disent correspond à leur nature ; si nous le comprenons, cela ne nous attristera pas. Et nous serons alors capables de surmonter joyeusement tous les obstacles.

11 janvier – Cultiver une vertu

Choisissez une vertu et cultivez-la avec une foi et un optimisme absolus, les autres vertus en découleront automatiquement. Le but, c'est de transcender les limites du mental.

12 janvier – Notre vision limitée nous empêche de voir Dieu

Peut-être vous demanderez-vous : « Si Dieu est omniprésent, pourquoi ne puis-je le voir ? » L'électricité n'est pas visible, mais mettez le doigt dans une prise de courant et vous ferez l'expérience de son existence. De même, Dieu ne peut être connu que par l'expérience. Placez-vous derrière un arbre et essayez de regarder le soleil. Vous ne le verrez pas, n'est-ce pas ? Vous pouvez dire que l'arbre a recouvert le soleil, mais ce n'est pas vrai. Le soleil ne peut pas être recouvert. C'est parce que votre vue est entravée que vous ne le voyez pas. De même, Dieu est partout, mais notre vision limitée nous empêche de le voir. L'attitude centrée sur le « moi » et le « mien » a bloqué notre vision et emprisonné notre esprit.

13 janvier – Inutile de se juger

Il se passe uniquement deux choses dans notre vie : nous agissons et nous recueillons les fruits de nos actes. Les actions bénéfiques produisent de bons fruits et les actions néfastes en donnent de mauvais. Nous n'agissons pas seulement avec les mains et les pieds. Une pensée est aussi une action. Dire du mal d'autrui est une action qui engendre de la souffrance.

Toutefois, dans les moments de souffrance, ne nous affligeons pas à l'idée que nous sommes des pécheurs. Comprenons que nous récoltons le fruit d'actions nuisibles accomplies dans le passé et qu'il s'agit de ne pas recommencer. Prenons la décision de faire de bonnes actions pendant le reste de nos jours. Inutile de se juger et de se condamner en tant que pécheur, bon à rien, etc. Abandonnez tout à la volonté divine, cultivez la compassion, consacrez votre vie au service de l'humanité. C'est le moyen le plus facile de trouver la paix.

14 janvier – Mettre en pratique ses idéaux

Si nous examinons la situation sous tous les angles, il en résulte clairement que le seul moyen d'apporter des changements fondamentaux dans le monde d'aujourd'hui, c'est de mettre en pratique les idéaux spirituels dans notre vie quotidienne. Notre intellect a grandi mais notre cœur se dessèche. Suivons l'exemple des grands maîtres afin d'échapper à notre condition présente, d'apaiser notre cœur et notre mental en feu et de réparer le fil brisé de l'amour.

15 janvier – La motte et la feuille

L'histoire de la motte d'argile et de la feuille morte qui jouent à cache-cache est destinée aux petits enfants, mais elle a un sens profond. La motte et la feuille sont en train de s'amuser, quand le vent se met à souffler. La motte s'inquiète : « Oh, non ! La feuille risque d'être emportée par le vent ! » Alors elle se pose sur la feuille et la sauve. Peu après, il se met à pleuvoir. La feuille se pose sur la motte et la protège de la pluie. La motte est sauvée. Mais ensuite, le vent et la pluie arrivent ensemble et vous savez ce qui se passe. La feuille est emportée par le vent et la motte d'argile se dissout. Voilà à quoi ressemble notre vie : quand notre bonheur dépend des autres, nous connaissons des petits bonheurs mais lorsque nous sommes confrontés à un grand danger, il n'y a personne pour nous sauver. Notre seul recours est alors de prendre refuge en l'Être suprême. Cet abandon à Dieu est notre seule protection. C'est la seule manière d'être toujours heureux.

16 janvier – Devoir de courage

Si vous assistez en spectateur, sans ouvrir la bouche, à une injustice que vous savez contraire à l'ordre du monde, vous commettez la plus grande des iniquités. C'est le comportement d'un lâche, non d'un être courageux.

17 janvier – Aller de l'avant

Ne regardez jamais en arrière et ne gémissez pas. Allez de l'avant et souriez. Agissons avec une foi totale, avec la plus grande vigilance, mais avec détachement. C'est ce qu'enseignent les maîtres spirituels. À quoi sert de s'affliger si une plante dont nous avions pris soin se fane ? Plantez-en une autre sans vous lamenter sur celle qui est perdue. À force de ressasser le passé, l'homme dissipe toutes ses énergies, devient faible et apathique.

18 janvier – Sans foi, la vie sur terre serait vaine

Le monde d'aujourd'hui tente d'évaluer les principes religieux d'après les actions accomplies par certains individus au nom de la religion. Il juge ensuite la religion dans son ensemble sur la base des égarements de quelques-uns, ce qui revient à jeter le bébé avec l'eau du bain, ou à condamner les médicaments et le corps médical tout entier pour l'erreur d'un seul médecin. Les individus sont parfois bons, parfois mauvais. Ils ont des faiblesses et peuvent manquer de discernement. Il n'est pas juste de projeter les fautes et les faiblesses que vous voyez en eux sur les religions.

C'est dans la pratique des principes religieux que la vie humaine puise sa vitalité et son énergie. Sans religion ni foi, la vie sur terre serait vaine. La beauté et les plaisirs de la vie ne seraient que superficiels : un magnifique costume sur un cadavre. Sans religion, notre cœur devient sec et désert. Si notre existence est encore agrémentée d'un peu de beauté, de vitalité et d'harmonie, c'est uniquement parce que nous avons gardé, malgré tout, quelques notions de religion et de spiritualité.

19 janvier – **Notre cœur est un sanctuaire**

Notre cœur est le sanctuaire, c'est là qu'il faut installer Dieu. Nos pensées positives sont les fleurs pour le vénérer. Les bonnes actions constituent l'adoration, les bonnes paroles sont les hymnes et l'amour est l'offrande.

20 janvier – Protéger et vénérer la Nature

Mère Nature, qui, telle la vache Kamadhenu[1] qui exauce tous les désirs, répandait sur nous ses bénédictions, est devenue une vieille vache tarie. Aujourd'hui on considère la protection de l'environnement comme une idée moderne. Quelle ironie, quand on songe que la protection de l'environnement est une partie intégrante des cultures anciennes. La seule différence, c'est qu'autrefois nous la protégions parce que nous considérions tous les aspects de la création comme divins. Puis nous avons décidé que cette façon de penser était primitive et nous avons agi en conséquence. De nos jours, ce concept de protection de la nature n'inclut plus la vénération. C'est pourquoi toutes nos tentatives dans cette direction échouent.

21 janvier – Journée internationale des « câlins »

Quand Amma embrasse les gens, il ne s'agit pas seulement d'un contact physique. L'amour qu'Amma éprouve pour toute la création s'écoule vers chaque personne qui vient à elle. Cette vibration d'amour purifie les gens, les aide à s'éveiller intérieurement et à grandir spirituellement.

1. Kamadhenu est une déesse bovine, « vache d'abondance » miraculeuse qui fournit à son propriétaire tout ce qu'il désire. Elle donne la santé, la richesse, le bonheur et la croissance dans la vie.

Dans le monde actuel, hommes et femmes ont besoin d'éveiller leurs qualités maternelles. Les étreintes d'Amma aident les gens à prendre conscience de ce besoin universel.

L'amour est le seul langage que tout être vivant peut comprendre. C'est un langage universel. L'amour, la paix, la méditation et la libération, tout cela est universel.

22 janvier – **Dédier toutes ses actions**

Nous avons pris l'habitude de ruminer nos problèmes et d'accroître ainsi notre tension intérieure. La tension affecte grandement à la fois le corps et le mental, prenez-en conscience. Le stress est la cause de nombreuses maladies.

Seul l'abandon de soi-même peut nous accorder un répit. Dieu allège notre fardeau quand nous lui abandonnons nos problèmes. En réalité, rien n'arrive selon notre volonté. Allons-nous respirer encore une fois ? Il n'y a aucune garantie.

La seule chose qui soit donc en notre pouvoir, c'est d'agir en lui dédiant toutes nos actions. Néanmoins, il faut le faire sans avoir le sentiment d'être l'auteur de l'action, prenons conscience au contraire de le faire avec son pouvoir. Travaillons en considérant cela comme une adoration du Tout-Puissant. Telle est l'attitude d'abandon de soi-même qu'il s'agit de cultiver.

23 janvier – Être bon et vertueux

Menez une vie simple. Distribuez aux autres ce qui vous reste après avoir pourvu à vos propres besoins. Vivez sans faire de mal à autrui et enseignez aux autres ces mêmes principes. Sachons être bons et vertueux. Que notre cœur devienne meilleur afin que nous aidions les autres à le devenir eux aussi. Voilà ce qui est nécessaire. Si nous agissons ainsi, nous connaîtrons toujours la joie et la paix, même si le confort extérieur nous manque.

24 janvier – Journée internationale de l'éducation

De nos jours, l'éducation n'est orientée que vers la réussite sociale et matérielle. « Réussir » est devenu le mantra de la jeunesse. « Quelle que soit la voie que vous choisissez, vous devez réussir ! » Telle est la devise du système actuel d'éducation. Notre système éducatif se réduit à un outil qui permet d'accéder à la réussite matérielle. Mais ce succès sera-t-il durable ? Aidera-t-il nos enfants à obtenir l'amour et le respect de leurs semblables ? Leur insufflera-t-il la force nécessaire pour affronter avec fermeté les épreuves et les tribulations de la vie ? Ils en retireront peut-être des bienfaits temporaires, mais, tôt ou tard, ils finiront par s'effondrer. Non seulement il nous faut comprendre à quel point cette notion de réussite est creuse, artificielle et superficielle, mais il nous faut encore définir ce qu'est la véritable réussite et quel est son impact. À ce propos, Swami Vivekananda[1] a dit : « Le but de la jeunesse, c'est l'épanouissement de soi. C'est le développement de soi. Je vous en prie, essayez de comprendre le sens réel de l'expression "une vie réussie". Lorsqu'on parle de réussir sa vie, il ne s'agit pas simplement de réussir tout ce que l'on entreprend… Ce qu'il s'agit de réussir, c'est soi-même : sa conduite, son caractère, la personne que l'on devient. »

25 janvier – Maîtrise de soi

En un instant, la colère nous fait exploser. Dans certaines situations, nous ferons toutefois notre maximum pour nous maîtriser. Généralement, personne ne s'emporte contre un supérieur. Cela risquerait de nous coûter cher et nous le savons. Qu'il soit question de nous transférer ailleurs, de ne pas nous accorder la promotion demandée, ou même de licenciement, nous nous efforçons de garder une parfaite maîtrise de nous-mêmes. Ceux qui en sont incapables ont des ennuis et les autres en tirent la leçon. Mais peu de gens maîtrisent leur colère quand elle se tourne contre leurs subordonnés. C'est pourtant là

1. Swami Vivekananda (1863-1902) : grand sage et philosophe, disciple de Ramakrishna, il a fait découvrir l'hindouisme au monde occidental.

qu'il est vraiment nécessaire de se maîtriser, puisqu'ils ne peuvent pas répondre et qu'ils dépendent de nous. Extérieurement, ils ne réagissent peut-être pas, mais ils sont blessés. Ces vibrations de souffrance émises par leur cœur se transforment ensuite en malédiction à laquelle il n'est pas facile d'échapper. Cela ne signifie pas qu'il ne faut pas réprimander quelqu'un qui le mérite. Il est important de rectifier les erreurs que nous remarquons ; la douceur et la gentillesse ne sont pas des outils qui fonctionnent avec tous ; il faut donc savoir aussi se montrer ferme. Toutefois, il ne s'agit pas de se tourner contre un individu, mais contre ses erreurs. Ne soyons pas sévères sans nécessité. Soyons attentifs à ne blesser personne, ni en paroles ni en actes.

26 janvier – **Profiter sans esprit de possession**

Renoncez à l'idée d'être propriétaire. Considérez que tout appartient à Dieu et profitez de ce que vous avez. Ce monde n'est qu'une étape provisoire. Nous sommes ici pour peu de temps, en simples visiteurs. À cause de notre ignorance, nous divisons tout, chaque pouce de terrain : il y a ce qui est à nous et ce qui est aux autres. Le terrain dont vous revendiquez la propriété a appartenu à bien d'autres avant vous. Même si c'est aujourd'hui votre tour de jouer le rôle du propriétaire, rappelez-vous que vous aussi, un jour, vous disparaîtrez. Une autre personne enfilera alors votre costume. N'est-il pas insensé de se proclamer propriétaire ?

27 janvier – S'accepter en tout

Que l'on soit chef de famille, directeur de société ou dirigeant politique, la première chose à connaître, c'est soi-même. C'est cela, la vraie force. Il s'agit de connaître et d'accepter ses défauts, ses faiblesses et ses limites, pour essayer ensuite de les transcender.

28 janvier – Allumer la lumière

Les êtres humains sont par naissance des enfants de l'univers. Mais ils peuvent renaître comme des enfants de Dieu également. Cette renaissance se produira lorsque nous mourrons complètement à notre ego. La véritable naissance de notre identité en tant que Soi suprême survient en nous quand disparaît la dernière trace d'ego. Ce n'est pas quelque chose qui se produit après la mort. Il nous faut mourir à l'ego avant de mourir.

L'ego ressemble à l'obscurité. On ne peut pas enlever l'obscurité. Mais elle disparaît automatiquement quand on allume la lumière. Pour amener la lumière de la connaissance de soi, il nous faut apprendre les enseignements spirituels, purifier les doutes les concernant et nous établir dans ces vérités.

29 janvier – Les fruits de nos actions viendront dans une juste mesure

Nous devons agir sans désirer les fruits de nos actes. Cela permet de vivre sans souffrir. Agissez avec beaucoup de soin et d'attention, sans être dévoré d'anxiété au sujet du résultat. Les fruits viendront alors d'eux-mêmes. Si vous étudiez, faites-le avec application. Inutile de vous angoisser pour savoir si vous aurez ou non votre examen. Si vous construisez une maison, construisez-la soigneusement, conformément aux plans, sans vous tourmenter et vous demander avec inquiétude si la construction tiendra ou pas. Faites de bonnes actions et les résultats seront immanquablement bons. Si vous vendez du riz de bonne qualité tout le monde en achètera. C'est le résultat des efforts que vous faites quand vous sélectionnez de bonnes graines, que vous les faites bouillir, sécher, et en ôtez l'enveloppe. Mais si vous trafiquez votre riz pour faire plus de profit, vous en serez puni aujourd'hui ou demain. Vous perdrez en outre votre paix intérieure. Agissez donc avec soin et attention, en considérant tout ce que vous faites comme une offrande à Dieu. Vous en obtiendrez les fruits dans une juste mesure, ni plus ni moins, que vous vous inquiétiez ou non du résultat. Pourquoi perdre votre temps à y songer ? Ne vaut-il pas mieux employer cette énergie à accomplir cette action du mieux possible ?

30 janvier – Un temps pour tout

Il y a un temps pour tout. Il y a des périodes dans la vie où tout ce que nous entreprenons échoue. Inutile de s'effondrer quand cela se produit. Accrochez-vous à Dieu. Il est notre seul refuge. Il ne manquera pas de nous indiquer une solution.

31 janvier – Participer à la beauté du monde

Vivons d'une manière qui soit bénéfique à nous-mêmes et aux autres. Dieu n'a accordé à l'éclair que quelques secondes d'existence. L'arc-en-ciel, lui aussi, ne dure que quelques instants et certaines fleurs ne fleurissent qu'une journée. La pleine lune disparaît au lever du soleil et un papillon ne vit que quelques jours. Mais au cours de leur brève existence, ils donnent au monde tant de beauté et de bonheur ! Amma prie afin que nous puissions suivre leur exemple et employer notre vie à rendre le monde encore plus beau. Mettons sur nos lèvres la couleur des paroles de vérité, dessinons les contours de nos yeux avec le collyre de la compassion. Décorons nos mains avec le henné des bonnes actions. Insufflons à notre esprit la douceur de l'humilité et nous serons bénis !

FÉVRIER

1er février – L'unité doit relier tous les cœurs

Au nom de la paix, nous tenons conférence sur conférence. Mais quel changement pouvons-nous espérer créer en restant assis à parler autour d'une table ? Quand nous avons fini de discuter, nous nous serrons la main, mais ce geste exprime-t-il vraiment un élan d'amour et de compassion venu du cœur ? Si tel n'est pas le cas, il n'y a pas eu de véritable dialogue. Pour qu'un véritable échange ait lieu, un profond sentiment d'unité doit relier tous les cœurs ; il faut que les murs édifiés par l'hostilité, les idées préconçues et le désir de vengeance disparaissent.

2 février – Affronter la souffrance

Il est bon pour un chercheur spirituel de visiter des bidonvilles, des hôpitaux, etc., au moins une fois par mois. Cela lui permet de comprendre la nature de la souffrance, de développer un mental fort et rempli de compassion.

3 février – S'épanouir dans un éclat de rire

Notre vie devrait s'épanouir dans un éclat de rire. C'est cela la religion, c'est cela la spiritualité et la prière authentique. Dieu est le sourire spontané qui s'épanouit de l'intérieur. C'est ce que nous pouvons donner au monde de plus précieux. Mais ce rire est devenu étranger au monde actuel qui ne connaît plus que le sourire égoïste, méprisant et artificiel. Le cœur n'y est pas, ce n'est plus un sourire mais uniquement un mouvement des lèvres qui s'étirent. C'est un péché, une forme de violence, une trahison du Soi. Il nous faut retrouver le monde de l'enfance, un monde rempli de rires et de jeux. Un enfant sommeille en chacun de nous. Il est impossible d'évoluer sans éveiller cet enfant en nous.

4 février – Resplendis !

Tu n'es aujourd'hui qu'une petite lampe de chevet dont la lueur permet tout juste de lire. Mais si tu te livres à des austérités en éliminant l'ego, tu resplendiras comme le soleil.

5 février – Les heures de la nuit

La nuit, l'atmosphère est paisible : les oiseaux, les animaux et les gens tournés vers le monde sont plongés dans le sommeil. Il y a donc moins de pensées profanes dans l'atmosphère. Les fleurs s'épanouissent dans les dernières heures de la nuit. L'atmosphère est alors empreinte d'une énergie spéciale. Si nous consacrons ces heures à la méditation, notre esprit se concentre sans difficulté et reste longtemps absorbé en contemplation. La nuit est le moment où les méditants restent éveillés.

6 février – Dieu est une expérience

Dieu n'est pas un personnage qui trône cérémonieusement là-haut, dans les sphères célestes. Dieu est au-delà de l'intellect. Dieu est une expérience. Il est impossible de voir Dieu avec les yeux, mais en tournant notre attention vers l'intérieur, il est possible de le voir, il est possible de percevoir sa présence dans le chant du coucou, le croassement du corbeau, le mugissement de l'océan et le rugissement du lion. La même Conscience suprême permet aux pieds de marcher, aux mains de travailler, à la langue de parler, aux yeux de voir et au cœur de battre. La Conscience suprême est omniprésente. Ainsi, Dieu n'a pas d'autres pieds ni d'autres mains que les nôtres. Dieu œuvre à travers nous. Il faut donc que Dieu pénètre dans nos mains et dans nos pieds, dans notre cœur et dans notre langue. Il faut que nous-mêmes, nous devenions Dieu.

7 février – Ne jamais blesser sans nécessité

Les Écritures disent : *Isavasyam idam sarvam*, « Tout est pénétré de Conscience divine ». C'est cette Conscience qui maintient le monde avec toutes ses créatures. La religion nous enseigne à voir et à vénérer Dieu en toute chose. Cette prise de conscience nous conduit à aimer la Nature.

Aucun d'entre nous ne blesse délibérément son propre corps car nous savons que c'est douloureux. Ainsi, lorsque nous percevons la même Conscience vivante, unique, dans tous les êtres, la souffrance et les douleurs d'autrui deviennent notre souffrance. Notre cœur doit aspirer à servir les autres. Nous ne devons pas blesser sans nécessité. Si une fleur peut rester fraîche une dizaine de jours sur pied, nous ne devons la cueillir qu'après ce temps. Nous considérons comme très dommageable, pour la plante comme pour la Nature, le fait de cueillir la fleur dès le premier jour, par avidité.

8 février – Se confronter au monde

Mes enfants, servir est aussi une forme de pratique spirituelle. Si vous proclamez que vous êtes parvenus à la perfection après une pratique accomplie dans un ermitage, Amma ne l'acceptera pas. Aller dans le monde et servir fait obligatoirement partie de la pratique. Si nous voulons nous débarrasser des ennemis tapis au fond de notre cœur, il nous faut servir le monde. Nous connaîtrons alors l'efficacité de notre méditation. Si quelqu'un se fâche contre nous, nous verrons si nous avons encore de la colère en nous.

Le service lui-même devrait être considéré comme une pratique et une offrande à Dieu. Alors, si quelqu'un s'oppose à nous, nous éprouverons peut-être une légère hostilité, mais nous pourrons nous en libérer grâce à la contemplation : « Qui, en lui, était l'objet de ma colère ? N'est-ce pas parce que je me suis identifié au corps que je me suis fâché ? Qu'ai-je donc appris des Écritures ? Vers quel monde – spirituel ou matériel – suis-je en route ? Comment puis-je éprouver de la rancune envers cette personne en déclarant que je ne suis pas le corps ni le mental, mais l'âme ? » Nous devrions chaque fois nous livrer à cet examen de conscience. Nous finirons par ne plus ressentir de colère envers quiconque. Nous éprouverons des remords et cela nous remettra sur le droit chemin.

9 février – Dieu est là, devant nous !

Jusqu'à présent, nous avons vénéré le Dieu invisible. Mais Dieu est maintenant apparu devant nous ! Tout autour de nous, il y a des gens qui souffrent et connaissent la misère. Ces gens-là sont le véritable Dieu. Les aimer et les servir, c'est aimer et servir Dieu.

10 février – Répéter un mantra

La répétition du mantra est une pratique spirituelle facile que nous pouvons effectuer constamment. Mes enfants, vous êtes venus ici en bus. Pourquoi ne pas répéter votre mantra dès que vous montez dans le bus jusqu'à votre arrivée ici et faire de même sur le chemin du retour ? Pourquoi ne pas prendre l'habitude de répéter le mantra en voyage ? À quoi bon détruire notre paix intérieure et nous ruiner la santé à bavarder d'autres choses pendant ce temps ? En répétant un mantra, on obtient non seulement la paix intérieure mais aussi des bienfaits matériels. Non seulement cela nous mène à Dieu, mais de surcroît ses dons nous sont accordés.

11 février – S'affranchir

Nous ne sommes ni le corps, ni le mental, ni l'intellect. Que peuvent donc nous faire les paroles d'autrui ? La paix et la tranquillité de notre mental dépendent-elles des autres ?

12 février – Vous sentez-vous en paix ?

Notre but est la paix du mental, non pas un paradis que nous obtiendrions après la mort. Vous sentez-vous en paix ?

13 février – **Ne critiquer qu'avec amour**

Si nous critiquons quelqu'un avec amour, en ayant uniquement son progrès à l'esprit, cela l'aidera à sortir de l'erreur. Mais si nous dénigrons par amour de la critique, cela ne fera que polluer notre mental et renforcer l'hostilité de l'autre personne, l'encourageant ainsi à commettre d'autres fautes. Ne regardez pas les défauts d'autrui ! Si l'on vous parle des défauts d'un autre, mettez en relief ses qualités, sans vous attarder sur les imperfections. Dites à votre interlocuteur : « Tu vois ses défauts, mais n'a-t-il pas telle et telle qualité ? » Il cessera alors automatiquement de critiquer et ne vous approchera plus pour dire du mal d'autrui. De cette manière nous pouvons nous améliorer et aider également celui qui critique à se libérer de cette habitude.

14 février – **Béatitude**

Regardez le ciel. Soyez comme le ciel : vaste, paisible, embrassant tout.

15 février – **Se préparer**

Pourquoi tomber dans un puits si vous le voyez ? Pourquoi continuer à souffrir alors qu'il y a moyen de l'éviter ? Comme la chaleur du soleil et la fraîcheur de l'eau, la joie et la souffrance sont dans la nature de la vie. Pourquoi gaspiller vos forces à vous affliger ?

Mais si vous croyez que la tristesse vous fera du bien, alors bien sûr, soyez triste !

Si vous vous blessez, vous ne vous contentez pas de rester assis et de pleurer ; vous mettez un désinfectant sur la plaie, puis un pansement pour éviter qu'elle ne s'infecte et vous affaiblisse. Celui qui comprend l'essence de la vie spirituelle ne se laisse pas ébranler par les événements de la vie. Si vous savez qu'un pétard peut exploser à tout instant, vous n'êtes pas surpris au moment de l'explosion. Mais si vous n'y êtes pas préparé, la frayeur peut être telle qu'elle affectera même votre santé. Le moyen d'éviter la souffrance consiste à fixer le mental sur le Soi. Il est vrai qu'il est difficile de maîtriser le mental. Il est difficile aussi de traverser l'océan, mais ceux qui font l'effort nécessaire et apprennent la méthode à employer y parviennent.

16 février – **Jardin spirituel**

Si vous gardez un animal sauvage, il faut le surveiller étroitement pour être sûr qu'il ne s'échappe pas. Si vous le laissez en liberté, vous devez le suivre partout, car sinon, il pourrait s'enfuir. Quand vous le nourrissez, vous êtes obligé de rester avec lui jusqu'à ce qu'il ait fini son repas. Vous n'avez jamais un instant de repos. Mais le gardien d'un jardin, lui, n'a qu'à rester à l'entrée et s'assurer que personne ne vole les fleurs. Il profite aussi du parfum des fleurs. De même, si vous courez après les plaisirs du monde, votre mental vous créera sans cesse des ennuis. Il ne sera jamais tranquille. La spiritualité, par contre, vous permet de goûter la beauté et le parfum de la vie. Il n'y a pas d'agitation, pas d'ennuis. Même si votre karma vous amène de la souffrance, vous ne la ressentirez pas comme telle. Cette souffrance elle-même est une forme de grâce divine ; Dieu étend la main pour vous élever vers un état de paix.

17 février – **Humble devant un mendiant**

Nous allons au temple, faisons trois fois le tour du sanctuaire et nous nous prosternons devant la divinité ; mais en sortant, nous regardons de travers le mendiant qui se tient à la porte ! Tel est notre état d'esprit actuel. Nous mériterons l'éveil spirituel quand nous serons capables de voir même dans ce mendiant celui devant lequel nous venons de nous prosterner. Travaillant dans le monde, nous devrions servir les gens en voyant Dieu en eux. Nous apprendrons ainsi l'humilité et le respect. Cela ne compte pas si nous agissons avec le sentiment : « Je sers le monde ! » Ce que nous faisons dans cette disposition n'a rien à voir avec le service désintéressé. Le vrai service implique que vos paroles, votre sourire et vos actes soient empreints d'amour et de l'attitude : « Je ne suis rien. »

18 février – Qui suis-je ?

On entend souvent des personnes dire d'un ton indigné : « Savez-vous qui je suis ? » Mais si, au lieu de cela, elles se posaient la question : « Est-ce que je sais qui je suis ? » et entreprenaient une quête intérieure sincère, elles trouveraient alors une solution permanente à tous les problèmes de la vie.

19 février – L'amour de Dieu est la voile du bateau

Il faut aussi éprouver de l'amour pour Dieu. Sans cet amour, vous pouvez faire autant de méditations que vous voulez, vous n'obtiendrez aucun résultat. Quand votre amour pour Dieu sera très fort, toutes les mauvaises tendances qui sont en vous tomberont d'elles-mêmes. Il est difficile de remonter le courant à la rame, mais si l'on hisse la voile, cela devient facile. L'amour de Dieu est comme la voile qui aide le bateau à avancer.

20 février – Journée mondiale de la justice sociale

Aujourd'hui, le fossé qui sépare les nantis des pauvres est un fléau mondial et cette disparité s'aggrave de jour en jour. Une montagne d'un côté et un abîme de l'autre, voilà la situation présente. D'un côté, il y a ceux qui gaspillent et de l'autre il y a ceux qui souffrent et ont du mal à s'acheter de quoi manger une fois par jour et de quoi se soigner. Si nous tardons encore à combler ce fossé, la situation va engendrer de la violence et même des émeutes à grande échelle. Il faut à tout prix jeter un pont de compassion entre ces deux groupes. La véritable spiritualité, c'est la compassion en action. Elle commence et culmine avec la compassion. Si nous pouvions faire en sorte qu'elle ne soit plus simplement une parole mais devienne une façon d'agir, nous pourrions résoudre quatre-vingt-dix pour cent des problèmes humanitaires du monde.

21 février – **Inlassablement**

Concentrez-vous sur la forme ou sur le son du mantra. Le répétant, vous pouvez vous concentrer sur chacune des lettres qui le composent en les prenant séparément. Vous ne parviendrez cependant pas toujours à une concentration parfaite. C'est pourquoi on dit qu'il faut répéter le mantra des dizaines de millions de fois. Plus vous le répétez, plus votre concentration augmente.

22 février – **J'ai fait de Dieu mon refuge**

Une fois montés dans le train, pourquoi continuer à porter nos bagages en nous plaignant de leur poids ? Nous pouvons les poser. Apprenons de même à prendre refuge en l'Être suprême, à tout lui abandonner.

23 février – **Choisir sa méditation avec attention**

On peut méditer en fixant l'attention sur le cœur ou entre les sourcils. Si l'on ne parvient pas à rester confortablement assis dans une position donnée, il vaut mieux méditer en fixant l'attention sur le cœur. La méditation sur le point entre les sourcils ne doit être pratiquée qu'en présence d'un maître spirituel, car méditer ainsi peut provoquer un excès de chaleur au niveau de la tête, parfois accompagné de maux de tête et de vertiges. Cela peut aussi engendrer des insomnies. Dans de telles circonstances, le maître saura ce qu'il faut faire.

24 février – **Discerner pour mieux donner**

Quand nous donnons, nous devons savoir à qui. Il s'agit de donner à ceux qui en ont besoin, et de le faire sans rien attendre en retour. Si nous attendons quoi que ce soit, n'est-ce pas une forme de marché ?

À nous de discerner ceux qui sont dans la misère et de les aider : ceux qui, souffrants, ne peuvent plus travailler, les handicapés, les enfants abandonnés, les malades qui n'ont pas les moyens de se soigner, les vieillards sans famille pour s'occuper d'eux. C'est notre devoir et nous ne devons rien attendre en échange.

25 février – Régularité

Perdons l'habitude d'ingurgiter n'importe quoi à tout moment. Être régulier quant aux heures et à la quantité des repas est bon pour la santé et le contrôle du mental. Mangez pour vivre, ne vivez pas pour manger.

26 février – Adhérer à la Vérité

Enracinons fermement notre vie dans la Vérité. Abstenons-nous de mentir. En cet âge sombre du matérialisme, l'adhésion à la Vérité est l'ascèse la plus noble. Il peut nous arriver d'avoir à mentir de temps à autre pour protéger quelqu'un ou pour maintenir l'ordre des choses, mais nous devons veiller à ne pas mentir pour notre propre satisfaction égoïste.

27 février – Offrir le plus précieux

Ce à quoi nous sommes le plus attachés, ce qui nous est le plus cher, c'est cela que nous devrions offrir à Dieu. Une mère ne donne-t-elle pas à son enfant ce qu'elle pense être le meilleur ?

28 février – **Le royaume de l'esprit est en nous**

Le paradis et l'enfer sont ici, sur cette terre. Si nous comprenons le rôle et l'utilité de chaque objet matériel dans notre vie et vivons en accord avec cette compréhension, la cause de notre souffrance disparaîtra. La connaissance qui nous enseigne comment vivre sur cette terre, comment vivre une vie heureuse en dépit des obstacles, est une connaissance spirituelle, celle de notre mental. C'est ce que nous devons acquérir en premier. Sachant distinguer le bon du mauvais côté de toutes les choses de la vie, nous aurons à choisir le chemin qui nous conduit vers la joie éternelle. Ce n'est qu'en nous efforçant de réaliser le Soi que nous pourrons goûter la béatitude éternelle.

29 février – **Fréquence Dieu !**

La chaîne de télévision émet des programmes mais nous ne pouvons les regarder que si nous réglons notre poste sur la bonne fréquence. Ainsi, il faut régler le mental sur le monde de Dieu pour en recevoir le moindre bienfait.

MARS

1er mars – Prendre refuge en Dieu

Si nous nous lions d'amitié avec le gardien de l'office dans la cuisine du palais, nous en obtiendrons peut-être une citrouille. Mais si, au lieu de cela, nous plaisons au roi, toute la richesse du royaume sera nôtre. De même, si nous prenons refuge en Dieu, Il pourvoira à nos besoins tant matériels que spirituels.

2 mars – Le combat intérieur

En observant la vie des grands êtres tels que Krishna et Jésus, nous voyons que beaucoup de forces diaboliques ont essayé de leur nuire. Il en découle un enseignement spirituel : quand la connaissance spirituelle – personnifiée par l'enfant divin – est sur le point de naître, nos tendances égoïstes et matérialistes essaient de l'en empêcher. C'est seulement au prix d'efforts sincères, de vigilance et d'attention que nous accéderons à la connaissance de soi. Si on verse de l'huile sur une étincelle, elle s'éteint. Mais une fois qu'elle s'est transformée en un énorme feu, elle ne s'éteint pas, même si on l'arrose d'huile ; le feu consume l'huile. De la même manière, quand la conscience spirituelle commence à peine à grandir en nous, toutes nos tendances et pensées négatives essaient de la bloquer. Mais une fois que nous serons établis dans la Connaissance, il n'y aura plus de place pour les tendances matérialistes et négatives.

3 mars – Journée mondiale de la vie sauvage

Détruire la Nature signifie détruire l'humanité. Les arbres, les animaux, les oiseaux, les plantes, les forêts, les montagnes, les lacs et les rivières, tout ce qui constitue la Nature a désespérément besoin de notre bienveillance, du soin attentionné et de la protection de l'homme. Si nous les protégeons, à leur tour ils nous protégeront.

4 mars – Le souffle de l'âme

L'amour vrai nous fait transcender le corps, le mental et toutes les peurs. La puissance de l'amour pur est infinie. Un tel amour est universel, il englobe tout. Dans cet amour, on fait l'expérience de l'unité du Soi. L'amour est le souffle de l'âme. Personne ne dira : « Je ne respirerai qu'en présence de ma femme, de mes enfants, de mes parents et de mes amis. Je ne peux pas respirer en présence de mes ennemis, de ceux qui me haïssent ou de ceux qui m'ont fait du mal. » Il serait alors impossible de survivre ; une telle attitude, c'est la mort. Ainsi, l'amour est une présence, au-delà de toutes les différences. Il est omniprésent. C'est notre force de vie.

L'amour pur et innocent rend tout possible. Quand le cœur est rempli de la pure énergie de l'amour, accomplir la plus impossible des tâches devient aussi aisé que de cueillir une fleur.

5 mars – À l'écoute des plus jeunes

Les adultes devraient dialoguer avec les jeunes. N'essayons pas de leur montrer nos connaissances et notre érudition. Il s'agit de nous identifier à eux, de comprendre leur cœur et d'entamer la discussion avec eux. Écoutons leurs questions et leurs critiques avec patience et amour. Abordons-les avec compassion. Seule une telle approche créera en eux un changement réel. Et par-dessus tout, donnons-leur des exemples qui les inspireront.

6 mars – S'aimer les uns les autres

Mes enfants, aimez-vous les uns les autres ! Répandez la droiture et l'amour. Ne nourrissez ni colère ni jalousie envers quiconque. Voyez le bien en chacun.

Ne parlez jamais négativement des autres. Considérez tout le monde comme les enfants de la même mère et aimez-les comme des frères et sœurs. Abandonnez vos actions entre les mains de Dieu et laissez Sa volonté prévaloir en toutes circonstances.

7 mars – **L'intention**

Quand il s'agit de juger si une action est violente ou si elle ne l'est pas, il ne suffit pas d'examiner l'acte en lui-même. C'est le mobile de l'action qui est important.

8 mars – **Journée internationale des droits des femmes**

Les parents réprimandent leurs enfants en leur disant : « Arrête de jouer et apprends tes leçons ! » Ils devraient également insister pour que leurs enfants assimilent certaines valeurs. Les mères devraient dire à leurs filles alors qu'elles sont encore jeunes et malléables : « Sois intrépide. Ne laisse personne t'écraser. Sois forte et courageuse. » Et les parents devraient enseigner à leurs fils la nécessité de protéger et de respecter les femmes. Aujourd'hui, de nombreux hommes sont comme des routes à une voie ; il faut qu'ils deviennent comme des autoroutes et permettent aux femmes d'avancer avec eux, à leurs côtés. Le gouvernement peut bien prendre toutes les mesures législatives possibles et imposer des peines lourdes à ceux qui commettent des abus sexuels, si nous n'éduquons pas nos enfants en leur inculquant ces valeurs, aucun changement réel ne se produira.

9 mars – Quelle nourriture pour notre mental ?

Si nous désirons que nos pensées et nos actions soient claires et subtiles, il faut que nous soyons capables de méditer et que notre vision de la vie soit centrée sur la spiritualité, cela est capital. Si le corps a besoin de nourriture et de sommeil pour rester en bonne santé, le mental a besoin d'une vision spirituelle de la vie.

10 mars – Tous voyageurs

Considérez ce monde comme un arrêt momentané, juste un peu plus long que les autres. Nous sommes tous des voyageurs et notre visite ici n'est qu'une étape parmi d'autres. Au cours d'un voyage en car ou en train, nous rencontrons d'autres passagers et il nous arrive d'entrer en conversation avec eux et d'échanger nos idées au sujet de la vie et des affaires du monde. Au bout d'un certain temps, nous nous attachons peut-être à la personne assise à côté de nous. Chaque passager doit néanmoins descendre lorsqu'il arrive à destination. Donc, quand vous rencontrez quelqu'un ou que vous vous installez quelque part, gardez bien à l'esprit que vous devrez partir un jour.

11 mars – **Notre vraie famille**

En ce monde, aucun de ceux que nous proclamons nôtres, de nos parents ou de nos amis, ne nous appartient réellement. Aucun de ceux qui affirment être notre famille n'est réellement notre famille. Dieu est notre vraie famille.

12 mars – **Pratiquer avec justesse**

Les pratiques spirituelles seules ne vous apporteront pas la paix. Il faut encore renoncer à l'ego. C'est seulement ainsi que vous en ressentirez les bienfaits et que vous trouverez la paix intérieure. Votre mental ne se fortifiera que si vous comprenez les principes spirituels avant de prier et de chanter. Ils ne bénéficient qu'à ceux qui, ayant étudié les Écritures et entendu des discours sages, ont acquis une certaine compréhension des principes essentiels et y conforment leur vie. Une histoire raconte comment un ascète réduisit en cendres un oiseau qui dérangeait ses pratiques. Il avait accompli de nombreuses austérités mais il ne fallut qu'un instant pour qu'il s'enflamme de colère. Si vous faites des pratiques spirituelles sans avoir aucune compréhension de la spiritualité, sans avoir assimilé les enseignements d'aucun grand sage, vous n'aurez que de l'arrogance et de la colère.

13 mars – Respecter la pluralité

Nous devons enseigner à nos enfants les valeurs et les principes fondamentaux de la religion. Cela devrait faire partie de leur éducation. Il est également crucial de leur faire prendre conscience du caractère salvateur de toutes les religions, sans insister sur leurs différences. C'est la seule manière de maintenir l'amour et le respect mutuels dans la société contemporaine, où la pluralité des identités religieuses est une réalité de plus en plus fréquente.

14 mars – JOURNÉE INTERNATIONALE D'ACTION POUR LES RIVIÈRES

Observez les scènes de la nature. Quelles leçons nous pouvons recevoir de chacune d'elles ! Apprendre de la Nature peut suffire à remplir notre vie de béatitude. Prenez l'exemple d'une rivière. Depuis les sommets de l'Himalaya, elle s'écoule, répandant ses bienfaits sur tous, et rejoint finalement l'océan.

Notre sens de l'individualité doit de même se fondre dans le Soi universel. Pour cela, nous devons avoir aussi l'état d'esprit d'une rivière. N'importe qui peut s'y baigner ou boire de son eau. La rivière ne se préoccupe pas de savoir si elle a affaire à un homme ou à une femme. Les différences de castes, de religions ou de langages n'entrent pas en considération pour elle. Elle ne fait pas de distinction entre un lépreux, une personne en bonne santé ou un homme riche. La nature d'une rivière est de caresser tous ceux qui l'approchent et de recevoir leur saleté. La rivière reste impassible aussi bien envers celui qui la souille qu'envers celui qui écrit un poème la glorifiant. L'un boit, l'autre se lave, un autre accomplit ses ablutions. La rivière n'a aucune partialité. Quand l'esprit de la rivière remplit un individu et se répand à travers ses paroles, son regard et ses actions, cela s'appelle compassion. C'est à cette attitude que nous devons parvenir.

15 mars – Ne pas condamner quelqu'un pour ses erreurs

Nous nous tournons vers les pratiques spirituelles pour apprendre à pardonner aux autres leurs erreurs et à les aimer, non à les rejeter. Il est à la portée de tout le monde de rejeter autrui, mais accepter tout un chacun, voilà ce qui est difficile. Seul l'amour permet de tirer les gens de leur erreur et de les guider vers une vie juste. Si nous désavouons quelqu'un à cause de ses erreurs, il continuera de les commettre.

16 mars – Unir le féminin et le masculin

La femme n'est pas consciente de la masculinité en elle et la recherche à l'extérieur, chez un homme. De même, l'homme n'est pas conscient des vertus de pardon, de compassion et d'affection qui sont cachées en lui. Il s'imagine qu'on ne les trouve que chez une femme. Hommes et femmes, chacun devrait éveiller en lui-même les pouvoirs et les capacités complémentaires. La plénitude, c'est l'union des éléments masculin et féminin en nous-mêmes. C'est uniquement grâce à cette union intérieure que nous pouvons faire l'expérience de la béatitude.

Le féminin et le masculin sont tous deux contenus en nous et la nature de notre Soi réel transcende toute dualité.

17 mars – À chaque âge son besoin

Les enfants ont besoin de jouir de l'amour et de l'affection de leur mère au moins jusqu'à l'âge de cinq ans. Entre cinq et quinze ans, les enfants ont besoin à la fois d'amour et de discipline. Seuls les efforts de tous les parents pour cultiver chez leurs enfants de bonnes valeurs, des valeurs vraies, permettront à la paix et à l'harmonie de régner dans la société.

18 mars – Se réjouir pour l'autre

Il existe deux sortes de joies et de peines. Quand nous n'obtenons pas ce que nous voulons, nous sommes tristes. Mais si les vœux d'autrui sont exaucés, nous voilà encore plus tristes. Nous sommes heureux quand nos projets réussissent, mais notre joie est encore plus grande si d'autres échouent. Oubliant toutes nos peines, nous exultons en voyant celles des autres. Notre fille n'est pas mariée, mais nous sommes heureux que celle du voisin ne le soit pas non plus. Le jour du mariage de cette dernière, nous voilà tristes. Mes enfants, c'est une dépravation mentale, une maladie grave qui ronge notre paix intérieure. C'est un cancer du mental.

Deux voisins allèrent un jour acheter du bois de construction. L'un se procura une poutre et l'autre trois. Quand le premier scia la poutre, il constata qu'elle était creuse. Triste d'avoir perdu son argent, il en perdit l'appétit. Sa femme vint alors lui annoncer que les trois poutres achetées par le voisin étaient pourries à l'intérieur. L'abattement fit alors place à la joie. « Vraiment ! Apporte-moi un thé ! » dit-il en riant joyeusement. « Il a ce qu'il mérite ! Il se croit donc bien riche pour acheter trois poutres. »

Nous devons avant tout changer cette attitude. Tant que le mental est dans cet état, quelle que soit la quantité de prières que nous ferons, nous n'en retirerons aucun bénéfice. Nous n'obtiendrons ni la grâce de Dieu ni la paix intérieure. Prions Dieu avant tout de nous donner un cœur qui se réjouisse du bonheur des autres et sympathise avec leur souffrance.

19 mars – Un cœur qui rassemble

Pouvez-vous expliquer la beauté d'une fleur ou décrire la douceur du miel ? Si quelqu'un vous frappe, vous pouvez dire que c'est douloureux, mais pouvez-vous exprimer avec des mots l'intensité exacte de la douleur que vous éprouvez ? Alors comment serait-il possible de décrire la beauté de l'infini ?

La béatitude spirituelle ne peut être ressentie au moyen de l'intellect. Pour cela, nous avons besoin du cœur. L'intellect dissèque les objets comme une paire de ciseaux, mais le cœur est comme une aiguille qui permet d'assembler les morceaux séparés.

20 mars – Journée internationale du bonheur

Si vous êtes heureux, vous êtes ouverts et alors l'amour de Dieu, l'énergie divine, peut s'écouler en vous. En fait, Amma dit à quelqu'un d'être heureux pour que cette énergie puisse entrer en lui. Celui qui est heureux, ouvert et réceptif, accède à un bonheur qui ne cesse de grandir. Celui qui est malheureux est fermé et perd tout. Qui est ouvert est heureux. Cet état attire Dieu, si bien qu'il vient demeurer en nous. Ensuite, nous ne pouvons plus qu'être heureux.

21 mars – Journée internationale des forêts

Il ne suffit pas d'avoir des enfants, encore faut-il s'assurer qu'ils ont un avenir. Au cours des vingt-cinq années écoulées, nous avons détruit quarante pour cent des forêts. La quantité disponible de combustible et d'eau diminue. Ceux qui auront à subir les terribles conséquences de ce problème, ce sont nos enfants et nos petits-enfants. Comprenons cela, réveillons-nous et agissons. Notre jeunesse devrait être à l'avant-garde de toutes les campagnes de protection de l'eau et de la forêt.

22 mars – Journée mondiale de l'eau

Nous devrions avoir conscience que polluer les rivières, les océans et les forêts est équivalent à injecter du poison dans nos veines.

23 mars – Se concentrer sur le présent

Ne vous désolez pas au sujet de ce qui est perdu ! Songer au passé en s'affligeant revient à serrer dans ses bras un corps sans vie. Le passé ne reviendra pas et nous ignorons tout de l'avenir. Au lieu de perdre votre temps et de vous ruiner la santé en ruminant le passé et en imaginant le futur, concentrez-vous sur le présent. Vous le gâchez en vivant constamment dans le passé ou dans l'avenir. Seul l'Esprit suprême connaît les trois : passé, présent et futur. Vous devez donc les lui abandonner et avancer en songeant à lui. Vous aurez alors toujours le sourire.

24 mars – Vigilance

Si vous vous endormez pendant la méditation, récitez votre mantra en bougeant les lèvres. Si vous avez un chapelet, tenez-le contre votre cœur et répétez le Nom de votre divinité. Cela vous aidera à rester vigilant. Lorsque vous vous asseyez pour méditer, votre colonne vertébrale doit être droite. Seule la paresse vous donne le dos rond. Si vous avez quand même envie de dormir, levez-vous et récitez votre mantra. Et ne vous appuyez nulle part. Quand vous vous adossez à quelque chose, votre mental s'y attache. Si vous ne parvenez pas à vaincre le sommeil, allez courir un moment, puis reprenez votre méditation.

25 mars – Devenir une eau pure

Nous ne pouvons pas expulser de notre mental pensées et émotions. Si nous tentons de les refouler, elles ne feront que redoubler de force et nous créer des problèmes. Seule la contemplation nous permettra d'éliminer nos émotions négatives. Examinons nos tendances négatives et appliquons-nous à les remplacer par de bonnes pensées. Il est impossible de les éliminer par la force.

Si nous versons de l'eau pure dans un gobelet d'eau salée et continuons quand il est plein, la teneur en sel s'affaiblira et nous obtiendrons finalement un verre d'eau pure. De même, c'est en cultivant de bonnes pensées que nous pouvons éliminer les mauvaises.

26 mars – L'action désintéressée, compagne du pratiquant

Il est impossible de purifier le mental sans accomplir des actions désintéressées. Le désintéressement est la première qualité nécessaire à un être spirituel.

27 mars – Aider avec discernement

Il faut faire attention quand on donne de l'argent car beaucoup de gens risquent de le dépenser pour assouvir leurs dépendances. Au lieu d'argent, donnons plutôt de la nourriture, des vêtements et quelques paroles pleines de bonté. Tel est notre devoir envers Dieu. Donc, mes enfants, nourrissez ceux qui ont faim et aidez ceux qui souffrent.

28 mars – L'esprit du débutant

Aimer Dieu n'implique pas seulement de prier ; c'est aussi éprouver du respect envers tout ce qui existe. Dieu n'est pas une personne qui demeure quelque part, tout là-haut, dans le ciel. Dieu est présent en chacun de nous et il s'agit d'en prendre conscience. Pour y parvenir, la condition essentielle est l'humilité. Il faut apprendre à conserver l'esprit du débutant en toutes circonstances, car un débutant est sans arrogance. Mais pour y parvenir, il faut faire un grand sacrifice : renoncer au « moi ». Le sentiment du « moi » fait obstacle à tout progrès et en l'abandonnant, nous sommes sûrs de réussir. Il est dit que pour réussir quoi que ce soit, la grâce de Dieu est plus importante que notre effort. C'est l'ego qui nous empêche de recevoir cette grâce, il faut donc trouver le moyen de renoncer à lui. Ce renoncement assure notre grandeur.

29 mars – Éclairer le crépuscule

Au crépuscule, l'atmosphère est saturée de vibrations impures. C'est pourquoi nous récitons les

remontantes en fumée au Feu de la méditation, ~~[illegible]~~. Soit le sol évacué non vécu, la vidange de l'inconscient.

noms de Dieu ou chantons des chants sacrés à ce moment de la journée. Si nous ne pratiquons pas la répétition du mantra à cette heure-là, nos tendances profanes se renforceront. À ce moment de la journée, la domination de l'ego est à son apogée. Nous ne pouvons éliminer l'ego qu'en prenant refuge en Dieu, pas en regardant la télé !

30 mars – **Réunir les conditions nécessaires**

Le mantra n'est qu'un aspect sur le chemin de la spiritualité. De bonnes actions, de bonnes pensées et la compagnie de gens vertueux ont une grande importance. Lorsque ces conditions sont réunies, on en retire alors le bénéfice selon la volonté de Dieu.

31 mars – **Prier pour la paix dans le monde**

Fermez donc les yeux. Prions pour que partout, tous les êtres vivants retrouvent la paix et le bonheur en répétant le mantra *Om lokah samastah sukhino bhavantu.* Le sens de cette prière est : « Puissent tous les êtres, dans toute la création, connaître la paix et le bonheur. »

AVRIL

1er avril – Comme le jeu joyeux d'un enfant

La nature contradictoire et variée de la vie est un jeu merveilleux pour qui est conscient de son caractère changeant. Il peut accueillir en souriant aussi bien les expériences négatives que les positives, avec équanimité. Mais pour qui n'a pas cette compréhension, la vie devient un fardeau insoutenable de souffrance. Les véritables principes religieux nous donnent la force et le courage d'aborder les situations difficiles de la vie avec un esprit calme et équilibré. La religion trace le chemin qui permet d'embrasser la vie avec davantage encore de joie, de plaisir et de confiance. Pour celui qui est véritablement imprégné des principes de la religion, la vie est comme le jeu joyeux d'un enfant innocent.

2 avril – Vivre comme des êtres humains

Nous avons oublié ce que signifie vivre comme des êtres humains. Il semble qu'il nous faille réapprendre.

Comment y parvenir ? Ce n'est possible qu'en examinant ce que nous sommes. Il nous faut pratiquer l'autoanalyse. Pourquoi ? Parce que l'origine des problèmes que nous voyons dans le monde ne se trouve ni dans l'espace, ni dans le vent, ni dans les saisons, ni dans la nature ou dans les animaux. L'origine des problèmes, c'est nous, les êtres humains, c'est notre mental.

3 avril – **Devoir de courage**

Nous n'avons aucun contrôle sur ces deux éléments essentiels, la naissance et la mort, soutiens de la vie. Nous en ignorons tout. Alors comment pouvons-nous logiquement déclarer que la partie centrale, que nous appelons « la vie », nous appartient ? Ainsi, l'enfance, l'adolescence, la jeunesse et la vieillesse ne nous demandent pas la permission de venir et de partir. Elles se produisent, voilà tout. Reconnaissons cette vérité et accomplissons des actes qui élèvent notre âme et bénéficient à l'ensemble de la société.

4 avril – **Les dépenses inutiles**

« À partir d'aujourd'hui, je ne vais plus fumer. Je vais arrêter l'alcool. Au lieu d'acheter dix tenues chaque année, j'en achèterai neuf. » Mes enfants, prenez ce genre de résolutions et employez l'argent ainsi économisé à construire des maisons pour les pauvres. Alors, dans dix ans, il n'y aura plus de bidonvilles. Des mères viennent voir Amma et lui disent : « Amma, il pleuvait la nuit dernière et il y avait des fuites partout dans la hutte. Pour que le bébé ne soit pas mouillé, j'ai dû le protéger en tenant une natte au-dessus de sa tête. » Imaginez la situation : la mère qui doit veiller toute la nuit à cause des pluies torrentielles et tenir une natte pour éviter que son enfant ne soit trempé dans la hutte ! Et pendant ce temps-là, il y a des gens qui dépensent des milliers de roupies pour de l'alcool et de la drogue.

Pourquoi Amma a-t-elle décidé de construire autant de maisons ? C'est qu'elle pensait à la souffrance de ses enfants. Elle n'avait aucune autre préoccupation. Si nous avons pu faire tant d'autres choses en si peu de temps, cela aussi est possible. Nous avons reçu cent mille demandes. Nous pouvons bâtir cinq mille maisons par an. Si vous le désirez tous, nous pouvons même faire plus. Amma n'a-t-elle pas d'innombrables enfants ? Si vous arrêtez de fumer pendant deux ans, avec l'argent économisé, nous pouvons construire une maison. Il suffit de deux pièces pour qu'une famille puisse dormir au sec. Rappelez-vous cela quand vous faites des dépenses inutiles.

5 avril – Vaincre la peur

La peur fait de nous des morts-vivants ; elle affaiblit la puissance de nos actions. Elle rend notre mental esclave de l'égoïsme et de la méchanceté. La source de cette peur, c'est le sentiment : « Je suis faible. » Ce sentiment vient de l'incompréhension de la puissance infinie qui demeure en nous.

6 avril – S'abandonner au mantra

Il faut réciter le mantra avec beaucoup d'attention. Décidez de le réciter quotidiennement un certain nombre de fois. Mais ne le faites pas de manière inattentive, juste pour atteindre un nombre défini à l'avance. L'essentiel est la concentration du mental. L'usage du chapelet vous aidera à compter et à rester concentré.

Au début, il n'est pas facile de se concentrer, alors récitez-le en remuant les lèvres. Peu à peu, vous deviendrez capable de le répéter mentalement, sans remuer les lèvres ni la langue. Chaque fois que vous répétez le mantra, vous devriez avoir la sensation d'un bonbon qui fond dans la bouche. Vous finirez par atteindre un stade où même si vous abandonnez le mantra, il ne vous abandonnera pas.

7 avril – **Journée mondiale de la santé**

Nous ne pouvons contrôler notre mental sans contrôler notre désir pour le goût. La santé, et non le goût, devrait être notre premier souci en sélectionnant la nourriture.

8 avril – **Sortir du rêve**

Dans leur bienveillance, les ascètes nous ont fait la grâce de nous léguer le cadeau de leur enseignement. Mes enfants, sans perdre un instant, vivez en accord avec lui. Sinon, la vie n'a aucun sens. Ne remettez pas cela à demain, parce qu'en vérité, demain n'est qu'un rêve. En ce moment même, nous vivons dans un rêve. Un rêve ordinaire se termine le matin au réveil tandis que le nôtre est plus long. Nous ne pouvons connaître la réalité qu'en nous éveillant. Il s'agit d'un éveil à Dieu, n'en doutons pas, car c'est la seule manière de sortir du rêve ; chaque moment qui passe est extrêmement précieux et il ne faut pas le gâcher. Reporter notre éveil à demain et retomber dans le rêve, c'est de la sottise. Demain est une question sans réponse. Nous aurons beau affirmer que quatre et quatre font neuf, jamais cela ne sera vrai. Rien n'est plus précieux que le moment présent. Ne le gaspillez jamais. Saisissez l'instant présent et apprenez à rire de tout votre cœur. Veillez à avoir toujours le sourire aux lèvres. Essayez de ne faire de mal à personne, ni en pensées, ni en paroles, ni en actes.

9 avril – La Nature, forme visible de Dieu

Il n'était pas nécessaire autrefois de prendre des mesures spéciales pour préserver la Nature parce que cela faisait partie de l'adoration de Dieu, cela faisait partie de la vie. Plutôt que de penser à « Dieu », les gens aimaient et servaient la Nature ainsi que l'ensemble de la société. Ils voyaient le Créateur dans la création. Ils aimaient, vénéraient et protégeaient la Nature en la considérant comme la forme visible de Dieu.

Efforçons-nous de retrouver cette attitude et de protéger la Nature. La plus grande menace pour l'humanité, actuellement, n'est pas celle d'une troisième guerre mondiale, mais le fossé qui s'agrandit entre la Nature et les êtres humains. C'est pourquoi il nous faut développer la vigilance de celui qui se trouve sous la menace d'un revolver. C'est ainsi seulement que l'humanité pourra survivre.

10 avril – Ne rien attendre

Notre attitude envers tout objet de la création devrait être dépourvue de toute attente. C'est le but de nos pratiques.

11 avril – Bannir la paresse

Si vous luttez contre le sommeil pendant la méditation, pratiquez une activité physique le matin. Que l'activité chasse l'inertie. Le manque d'exercice physique engendre un déséquilibre et vous avez ensuite trop sommeil pour méditer. Dieu crée toujours de gros ennuis à ceux qui sont trop paresseux pour travailler.

12 avril – Éveil du maître intérieur

Le maître spirituel est l'incarnation du désintéressement. Si nous arrivons à comprendre ce que sont la vérité, la vertu, le renoncement et l'amour, c'est parce que le maître incarne ces qualités. Il est l'essence même de ces qualités. En lui obéissant et en cherchant à l'imiter, nous verrons ces qualités s'enraciner en nous.

L'obéissance au maître spirituel n'est pas de l'esclavage. Dieu et le maître sont à l'intérieur de chacun. Mais en général, au début, il est nécessaire d'avoir un maître extérieur. Après avoir atteint un certain niveau, on peut apprendre les principes essentiels de n'importe quel objet et progresser ainsi. Tant qu'il n'y a pas de motivation personnelle pour étudier, un enfant apprend ses leçons par peur d'être grondé par ses parents ou ses professeurs. Une fois qu'il est conscient du but qu'il veut atteindre, il étudie lui-même, il se passe de sommeil et de distractions. Ne considérez pas la peur et le respect qu'il avait pour ses parents comme de la faiblesse. Quand la conscience du tout émerge, le maître intérieur s'éveille également.

13 avril – **Transfusion de paix**

Seuls ceux qui sont établis dans la paix intérieure peuvent donner la paix aux autres. Tant que nous ne nous sommes pas délivrés de la haine et de l'hostilité que nous portons en nous, tous nos efforts pour parvenir à une paix durable échoueront inéluctablement car ils seront entachés par nos préférences et par nos aversions personnelles.

14 avril – **Rire avec le cœur**

Connaissez-vous quelqu'un qui n'aime pas rire ? Non, bien sûr. Si certains ne rient pas, c'est que leur cœur est plein de douleur et de tristesse. La douleur évanouie, ils riront spontanément. Pourtant, aujourd'hui, combien d'entre nous sont capables de rire du fond du cœur ? Nous sourions quand nous lançons une plaisanterie ou voyons nos amis, mais une douleur nous habite. Le vrai sourire vient du cœur. Seul un sourire authentique éclaire notre visage et le cœur de ceux qui nous entourent. Bien souvent, le rire n'est plus qu'une contraction des muscles du visage.

La pureté du cœur a disparu. L'attitude juste est au contraire de participer au bonheur et à la souffrance des autres, de considérer chacun comme une partie de notre propre Soi. Pour goûter à la béatitude qui est notre véritable nature, il faut d'abord que notre cœur devienne pur grâce à l'amour et à l'abnégation. C'est alors seulement que nous pourrons vraiment rire. Jusque-là, notre rire n'est qu'un acte mécanique, dont nous ne retirons aucune joie réelle.

15 avril – **L'âme a besoin d'amour**

Quatre-vingt-dix pour cent de nos problèmes physiques et mentaux proviennent des blessures du passé. Elles nous font souffrir toute notre vie. Le seul moyen pour les guérir, c'est de nous aimer les uns les autres d'un cœur ouvert. Si le corps a besoin de nourriture pour grandir, l'âme a besoin d'amour. Cet amour nous insuffle une force et une vitalité que le lait maternel lui-même ne peut nous donner. Efforçons-nous de ne plus faire qu'un, grâce à l'amour mutuel.

16 avril – **Soutenus par la foi**

Est-il possible de vivre sans foi ? Nous pouvons communément observer que chaque jour un bon nombre de gens meurent. Certains s'éteignent soudain au milieu d'une conversation avec des amis. Malgré tout, nous sommes persuadés que notre mort n'est pas pour maintenant. C'est une forme de foi. Nous sommes assis ici parce que nous avons la conviction que nos ennemis ne lâcheront pas de bombes en ce lieu. Bien que les accidents de la route soient fréquents, et que nous-mêmes ayons été témoins d'un bon nombre d'entre eux, nous continuons à nous déplacer en voiture. Quand nous buvons de l'eau, nous le faisons en ayant confiance dans le fait qu'elle n'est pas empoisonnée.

C'est la foi qui nous soutient d'instant en instant et nous permet d'avancer dans la vie. Nous ne pouvons ressentir le bonheur que si nous sommes habités par la foi.

17 avril – Le confort nous affaiblit

Nous avons développé l'intellect au point que nous ne pouvons plus vivre sans machines. Elles font tout pour nous, il y a même des brosses à dents électriques ! Alors personne ne fait plus assez d'exercice et pour rester en bonne santé, il faut trouver le temps de faire du sport. Quand on considère les choses de ce point de vue, on constate que tout le confort dont nous jouissons nous affaiblit.

18 avril – **Détermination**

Ne pas utiliser le moment présent est une grande perte. Si vous voulez méditer, faites-le maintenant. Si une tâche doit être accomplie aujourd'hui, commencez-la à l'instant, sans la remettre à plus tard. Voilà l'état d'esprit qu'il nous faut, la détermination qui doit s'ancrer en nous.

19 avril – **Cesser de s'affliger**

Regardez la nature. Voyez cet arbre là-bas, ses branches qui se balancent avec bonheur dans le vent, ces oiseaux qui chantent, oubliant tout, la rivière au chant mélodieux qui coule gaiement, et les plantes, les étoiles, le soleil et la lune. Partout règne la joie. Pourquoi sommes-nous donc les seuls à nous affliger au milieu de toute cette félicité ? Pourquoi sommes-nous les seuls à être malheureux ? Réfléchissez et vous comprendrez. Aucun de ces éléments de la nature ne possède un ego. Nous sommes les seuls. « Je suis ceci et cela, je veux devenir cela, je veux cela », voilà ce à quoi nous songeons constamment. Mais ce « moi » qui nous préoccupe tant ne nous accompagnera pas au moment de la mort ; le sens de l'ego ne nous apporte aucun bienfait. Si nous nous accrochons à ce « moi », nous n'en retirerons que de la souffrance. Abandonnez ce « moi » et réveillez-vous. Vous vivrez alors dans la joie et le bonheur. Soyez heureux, mes enfants. Seul le moment présent nous appartient. Respirerons-nous encore dans une minute ou dans une heure ? Ce n'est pas certain. Essayez donc d'être heureux, sans vous affliger une seconde. Mais cela est impossible sans abandonner le sentiment du « moi ».

20 avril – **Donner**

On atteint la perfection en faisant de bonnes actions sans rien attendre en échange. Nos bonnes actions donnent la mesure de notre croissance.

21 avril – **Parvenir au monde réel**

Vous n'avez pas besoin de haïr le monde de l'illusion. À travers lui, vous pouvez apprendre comment parvenir au monde réel, éternel. Nous aspirons au monde éternel, et c'est seulement grâce à l'amour que nous grandirons assez pour atteindre cet état. Quand la Lune se lève, les eaux des lacs et des océans de la Terre montent vers elle, par amour ; la fleur s'épanouit pour goûter la caresse du vent, également par amour ; qu'est-ce qui nous apporte donc la béatitude ? Non pas le détachement, mais l'amour. Pour se détacher d'une chose, il faut en aimer une autre.

22 avril – Journée internationale de la Terre nourricière

Pas une seule parcelle de ce que nous mangeons n'est un pur produit de notre effort personnel. Ce qui vient à nous sous forme de nourriture est le fruit du labeur de nos frères humains, de la générosité de la Nature et de la compassion de Dieu. Même si nous possédons des millions de dollars, nous avons toujours besoin de nourriture pour apaiser notre faim. Peut-on manger des dollars ? Par conséquent, ne mangez jamais sans prier préalablement avec humilité.

23 avril – Larguer les amarres

Si votre bateau est amarré, vous aurez beau ramer de toutes vos forces, jamais vous ne traverserez la rivière. Ainsi, lorsque vous priez, si votre pensée s'attache à votre famille et à vos possessions, vous n'obtiendrez pas les bienfaits de vos prières, aussi nombreuses soient-elles. Donc, quand vous priez, soyez totalement abandonné à Dieu. Cela seul portera ses fruits.

24 avril – Devenir son propre miroir

La patience, la conscience et l'attention sont les véritables richesses en ce monde. Elles sont si importantes qu'une personne qui a acquis ces vertus peut réussir n'importe où. Lorsque vous développez ces qualités, votre miroir intérieur, qui vous aide à voir vos impuretés intérieures et à les éliminer, devient spontanément limpide. Vous devenez alors votre propre miroir et vous savez comment éliminer vos impuretés sans avoir besoin de l'aide de personne. Vous obtenez la capacité de vous purifier.

Quand vous parvenez à ce stade, vous voyez le maître spirituel en tout. Vous ne considérez personne comme inférieur. Vous ne discutez pas inutilement. Vous n'avez pas recours à des paroles creuses. Votre grandeur se reflète dans vos actions.

25 avril – Dieu donne pour tous

Dieu a donné assez pour tous mais certains ont détourné à leur profit ce qui revenait aux autres. Ils ne se rendent pas compte que ce sont leurs propres frères et sœurs qu'ils affament ainsi. De tels êtres vivent dans le luxe et la splendeur mais, comme ils n'ont aucune compassion pour les pauvres, qu'ils ne sont pas prêts à aider ceux qui sont dans le besoin, ils souffrent de pauvreté intérieure. Dans le monde de Dieu, ce sont eux les plus pauvres d'entre les pauvres et un jour ils ne pourront pas échapper à la souffrance psychologique engendrée par leur manque de compassion.

26 avril – L'appeler

Mes enfants, si vous vous contentez de vous asseoir en pensant : « Bon, maintenant, je vais commencer à méditer », la forme n'apparaîtra pas dans votre mental. Vous resterez simplement assis là les yeux fermés et au bout d'un moment, vous vous rappellerez : « Oh ! Je suis supposé méditer ! » Quand vous vous asseyez pour la méditation, commencez par appeler Dieu : « Ô Dieu, ne viendras-tu pas dans mon cœur ? Sans ton aide, je ne peux pas te voir. Toi seul es mon refuge ! » Imaginez que votre divinité d'élection (Dieu, Krishna, Jésus, Bouddha...) se tient devant vous. Au bout d'un moment, sa forme brillera clairement dans votre mental.

27 avril – Vieillir ou mûrir

Il y a deux manières de grandir : en âge ou en maturité. Vieillir se fait naturellement, sans aucun effort. Cela arrive aux êtres humains, aux animaux et à tous les êtres vivants. Mûrir, par contre, est le propre de l'être humain. Vieillir est un voyage qui conduit à la mort ; gagner en maturité est un voyage qui conduit à l'immortalité. C'est un processus intérieur.

28 avril – Se fixer un emploi du temps

Quand vous plantez une graine, il faut construire une clôture pour la préserver des poules. Quand la graine sera devenue arbre, elle pourra abriter des oiseaux, des êtres humains et d'autres créatures. Néanmoins, au début, il faut la protéger même des poules. Ainsi, comme notre mental au départ est faible, nous avons besoin de limites et de règles jusqu'à ce qu'il ait acquis une force suffisante.

Aussi, aimez votre discipline autant que vous aimez Dieu. Ceux qui aiment Dieu aiment aussi la discipline. Nous devrions l'aimer plus que tout.

Qui est habitué à boire du thé à une certaine heure aura mal à la tête ou bien éprouvera d'autres désagréments s'il en est privé. L'habitude contractée hier se manifeste aujourd'hui à son heure. De même, si nous établissons un emploi du temps et que nous le respectons strictement, nous développerons des habitudes qui, au moment voulu, nous rappelleront notre devoir. Notre pratique bénéficiera grandement de cet emploi du temps régulier.

29 avril – Pensée moderne et sagesse éternelle

La plupart des femmes sont actuellement endormies. Il faut qu'elles se réveillent et se lèvent ! Cet éveil de l'énergie dormante chez la femme est un des besoins les plus urgents de notre époque. Il n'est pas seulement nécessaire dans les pays en voie de développement mais chez toutes les femmes du monde. Dans les pays où le matérialisme prédomine, les femmes doivent s'éveiller à la spiritualité. Et dans les pays où elles sont contraintes de rester dans les limites étroites de la tradition religieuse, elles doivent s'éveiller à la pensée moderne. On a longtemps cru que les femmes et les cultures au sein desquelles elles vivaient s'éveilleraient grâce à l'éducation et au développement matériel. Mais le temps a montré que cette conception, largement répandue, était trop limitée. C'est seulement si les femmes, tout en ayant une éducation moderne, assimilent la sagesse éternelle de la spiritualité, que la puissance contenue en elles s'éveillera et qu'elles pourront passer à l'action.

30 avril – Journée de la non-violence éducative

Le foyer familial est la source où les gens puisent à la fois leurs qualités et leurs défauts. Presque tout ce qui influence la santé mentale d'un enfant vient de son environnement proche. À huit ou neuf ans, soixante-dix pour cent des structures mentales d'un enfant sont déjà constituées. On a beau vivre quatre-vingts ou quatre-vingt-dix ans, dès l'âge de dix ans on a appris les leçons les plus importantes. Reste ensuite trente pour cent, et cet apprentissage lui-même se fonde sur les forces et les faiblesses développées dans l'enfance. Pour construire un gratte-ciel, il faut d'abord creuser des fondations solides. En vérité, la maturité, c'est la capacité de continuer à apprendre toute la vie. Elle ne vient pas avec l'âge, mais avec une attitude d'acceptation entièrement libre d'idées préconçues.

MAI

1er mai – Journée mondiale du travail

Mes enfants, lorsqu'un supérieur nous prend à partie, considérons cela comme une occasion fournie par Dieu pour éliminer notre ego et faire table rase des sentiments hostiles qui peuvent s'élever en nous. De même, lorsqu'il nous faut traiter sévèrement un subordonné, prenons bien soin de ne pas laisser la haine ou l'irritation nous envahir. Aux yeux d'un aspirant spirituel, les supérieurs, les subordonnés et les collègues sont tous des formes différentes du Seigneur.

2 mai – Nulle séparation

Imaginez que, par accident, vous vous mettiez le doigt dans l'œil. Vous n'allez pas frapper le doigt qui a provoqué la douleur. Il n'est pas question de le punir. Vous pardonnez à votre doigt. Si vous vous faites mal au pied en trébuchant malencontreusement sur un objet, ou si vous vous faites une coupure au doigt, vous le supportez. Si vous montrez tant de patience envers vos yeux, vos mains et vos pieds, c'est qu'ils font partie de votre corps et que vous en êtes conscient. Même si parfois ils vous font mal, vous le tolérez. Nous devrions aussi considérer que les autres font partie de nous-mêmes, comprendre que nous sommes la cause de tout, que nous sommes tout, que personne n'est séparé de nous. Alors nous ne regarderons pas les défauts d'autrui et même si nous les voyons, nous traiterons ces erreurs comme les nôtres et nous pardonnerons.

3 mai – Journée du soleil

Vous devez ressembler au soleil, non à un ver luisant. Le ver luisant ne brille que pour lui-même. Ne soyez pas ainsi. Le désintéressement est tout ce que vous devriez souhaiter. Soyez de ceux qui tendent la main aux autres pour les aider, même au moment de mourir.

4 mai – Une énergie infinie

Il existe en chacun de nous une énergie infinie. Aujourd'hui, quatre-vingt-dix pour cent des gens n'en ont pas conscience. Nous naissons dans la souffrance, grandissons dans la souffrance et mourons dans la souffrance. Nous avons besoin d'être guidés par un maître réalisé pour découvrir en nous les talents que Dieu nous a donnés et dont nous sommes actuellement complètement inconscients.

5 mai – Ne pas relâcher ses efforts

Ne perdez pas votre temps à essayer de décider si le fruit qui est dans l'arbre est mûr, s'il paraît mûr ou s'il est infesté de vers. Grimpez pour le cueillir ! Ne gaspillez pas votre temps à débattre de ceci ou de cela. Répétez votre mantra sans arrêt. Si vous voulez progresser, ne relâchez pas un instant votre effort. Il n'existe pas de raccourci.

6 mai – Tout sera donné

La connaissance accumulée par l'intellect doit parvenir jusqu'au cœur, car c'est là que se trouve l'expérience. Un jour viendra où votre cœur et votre intellect ne feront plus qu'un. Cet état est indescriptible. C'est une expérience directe, une perception directe que les mots ne sauraient rendre. Quand bien même vous auriez lu tous les livres du monde, cela ne vous donnerait pas cette expérience. Vous devez être convaincu que Dieu seul est réel et vous souvenir constamment de lui. Purifiez votre cœur. Voyez Dieu en toute chose et aimez tous les êtres. Rien d'autre n'est nécessaire. Tout ce dont vous avez besoin vous sera donné.

7 mai – La béatitude est en nous

Quand il a faim, le chameau mange des buissons d'épines, ce qui lui met la bouche en sang. Si, affamé, vous ne mangez que des piments, parce que vous aimez cela, vous aurez la bouche en feu et l'estomac aussi. Vous vouliez apaiser votre faim, mais il vous faut maintenant en subir les conséquences douloureuses. Ainsi, si nous faisons dépendre notre bonheur des objets matériels, nous finirons toujours par souffrir.

Prenez par exemple le musc. Il peut chercher longtemps la source du parfum qu'il respire, il ne la trouvera jamais, car elle est en lui. La béatitude ne vient pas des objets extérieurs. Elle demeure à l'intérieur de nous. Si nous contemplons cette vérité et développons un détachement suffisant, le mental cessera de courir après les plaisirs extérieurs.

8 mai – Être toujours prêt à agir

Tout ce qui est inscrit dans notre destinée peut être transcendé grâce à des actions accomplies dans une attitude d'abandon total à Dieu. Mais nous devons être prêts à agir, au lieu de nous contenter de rester assis, oisifs, et de blâmer la fatalité. Accuser le destin sans rien entreprendre est un signe de paresse.

***9 mai* – Refuser fermement la colère**

Nous devrions pardonner et oublier les fautes d'autrui. La colère est l'ennemie de tout aspirant spirituel. Elle engendre une perte d'énergie par chaque pore de notre peau. Dans les circonstances où notre mental est tenté de se mettre en colère, nous devrions exercer un contrôle et décider fermement : « Non. » Retirons-nous dans un endroit solitaire et chantons notre mantra. Le mental se calmera de lui-même.

***10 mai* – Laisser le divin briller en nous**

Il est indispensable que nous nous libérions des tendances négatives accumulées. Mais il est impossible de le faire en une seule fois. Il nous faut pratiquer sans interruption. Pour nous laver du sentiment du « je », le savon du « Toi » est nécessaire. Lorsque nous percevons Dieu en tout, le « je », c'est-à-dire l'ego, disparaît, et c'est le « Je » divin qui brille en nous.

***11 mai* – Le temps est sacré**

Mes enfants, même si nous perdons un million de dollars, nous pouvons les recouvrer. Mais si nous perdons une seconde, elle ne nous sera pas rendue. Chaque moment pendant lequel nous ne nous souvenons pas de Dieu est pour nous une perte.

12 mai – Servir ses parents

S'il n'y a personne pour s'occuper des parents, cette responsabilité revient à leur enfant, même si celui-ci a choisi la voie spirituelle. Il doit voir en ses parents son propre Soi et les servir en conséquence.

13 mai – Ne jamais nuire aux autres

Un être spirituel ne devrait jamais songer à nuire aux autres. Qu'il prie Dieu de changer leur cœur, de les rendre meilleurs. Le but des pratiques dévotionnelles et de la prière est de nous permettre d'aimer tous les êtres. Si quelqu'un dit du mal de vous, n'en soyez pas affecté. Songez que cela aussi est pour le mieux. Existe-t-il un monde sans dualité ? C'est grâce aux ténèbres que nous apprécions la valeur de la lumière.

14 mai – Bien s'entourer

Utilisez votre temps libre pour exercer vos pratiques et lire des livres de sagesse. Ne vous laissez pas entraîner dans des bavardages inutiles et essayez de vous entretenir de sujets spirituels avec les autres. Évitez à tout prix la mauvaise compagnie.

15 mai – JOURNÉE INTERNATIONALE DES FAMILLES

Si nous construisons notre maison sur de la boue, sans bâtir tout d'abord des fondations solides, un vent léger pourrait bien suffire à la renverser. De même, si nous fondons notre vie de famille uniquement sur le matérialisme, nos relations peuvent casser au moindre petit problème. Mais si notre vie de famille repose sur les fondations solides de la spiritualité, nous serons capables d'affronter n'importe quelle tempête. Tels sont les bienfaits d'une vie fondée sur la compréhension des vrais principes. Les parents ne devraient pas manquer d'expliquer à leurs enfants les principes de la spiritualité et de jouer pour eux le rôle de modèles.

16 mai – JOURNÉE INTERNATIONALE DU VIVRE ENSEMBLE DANS LA PAIX

Le monde est une famille dont nous sommes tous les membres. La paix et l'unité dominent dans un foyer lorsque les individus remplissent leurs devoirs et leurs responsabilités en ayant conscience que chaque membre de la famille est une partie intégrante du tout. La paix et le bonheur ne régneront de nouveau dans le monde que si nous travaillons ensemble, comme une famille mondiale, sans nous limiter à une ethnie, à une religion ou à une nation particulières.

17 mai – **Se garder de la haine**

Garder en soi de la haine pour son ennemi est comme avaler un poison et s'attendre à ce que son ennemi en meure. La haine détruit la paix de notre esprit.

18 mai – **Le bloc opératoire de la vie**

Pour recevoir de l'aide, acceptez tout d'abord le fait d'être un patient, puis soyez patient. Aucun bon médecin n'ira proclamer aux alentours : « Je suis le meilleur de tous les praticiens. Venez me voir, je vais vous guérir. » Sans la foi du malade en son médecin, fût-il le meilleur médecin du monde, il se peut que le traitement reste sans effet.

Quel que soit le moment, quel que soit le lieu, toutes les opérations chirurgicales qui se déroulent dans le bloc opératoire de la vie sont l'œuvre de Dieu. Vous avez vu que les chirurgiens portent un masque quand ils opèrent. Personne ne les reconnaît à ce moment-là. Mais derrière le masque, il y a le docteur. De même, juste sous la surface de toutes les expériences de la vie, se trouve le visage plein de compassion de Dieu.

19 mai – **En aimant Dieu, nous aimons tous les êtres**

Si nous arrosons les racines d'un arbre, les branches en profitent. Mais si nous arrosons les branches, l'arbre n'en bénéficie pas et nous perdons notre peine. Si nous aimons Dieu, cela équivaut à aimer toutes les créatures. Elles en bénéficient, car le même Dieu demeure en chacun. En l'aimant, nous aimons tous les êtres. Par contre, si nous ne créons de liens qu'avec des individus, nous ne récolterons que du chagrin.

20 mai – S'observer honnêtement

L'amour est pareil à une fleur qui s'épanouit. On ne peut la contraindre à s'ouvrir. Si vous le faites de force, vous détruirez sa beauté et son parfum. Ni vous ni personne n'en bénéficiera. Laissez-la au contraire s'épanouir d'elle-même, naturellement, et vous jouirez de son doux parfum et de sa couleur. Prenez aussi votre temps et observez-vous. Soyez comme un miroir, essayez de voir où vous avez fait une erreur et pourquoi.

21 mai – Journée mondiale de la diversité culturelle pour le dialogue et le développement

Nos empreintes digitales, nos visages et nos yeux sont uniques. Tout ce qui est fabriqué dans le même moule, aiguilles, chaussures ou poupées, est identique. Cependant, dans la création de Dieu, il n'existe pas deux brins d'herbe ni deux pétales de fleur identiques.

Que dire alors des êtres humains ? Dieu a envoyé chacun de nous sur terre avec un talent spécifique et caché. Chacune de nos vies a un but qu'il nous appartient d'atteindre. Découvrir ce potentiel latent en nous est le but de la vie. C'est ainsi que la vie prend tout son sens et devient une joyeuse communion. Une société serait mécanique et morte si tous ses membres étaient identiques. La beauté de la vie réside dans le partage de la diversité.

22 mai – **Vous êtes ce que vous cherchez**

« Renoncer à toute quête » signifie renoncer à toute quête du bonheur dans le monde, parce que ce que vous cherchez est en vous. Cessez de courir après les objets du monde et regardez à l'intérieur. C'est là que vous trouverez ce que vous cherchez.

Vous êtes à la fois *celui* qui cherche et *ce* que vous cherchez. Vous cherchez quelque chose que vous possédez déjà. Il est impossible de trouver *cela* à l'extérieur. C'est pourquoi toute quête du bonheur à l'extérieur mène à l'échec et à la frustration. Elle évoque l'image d'un chien qui cherche à se mordre la queue.

23 mai – Servir

Soyons toujours prêts à effectuer un travail supplémentaire par rapport à celui qui nous est demandé. Seul un tel travail additionnel, accompli sans désir de louanges ou de reconnaissance, mérite le nom de service désintéressé.

24 mai – Les fruits de la discipline

Certains musiciens s'exercent dix-huit heures par jour afin de parvenir à la maîtrise parfaite de leur instrument. Quel que soit le domaine qui vous intéresse, qu'il s'agisse de spiritualité, de sciences, de politique, de sport ou d'art, votre réussite et votre progression dépendent entièrement de la manière dont vous l'abordez, du temps que vous consacrez sincèrement à vous rapprocher de votre but et de la mesure dans laquelle vous vous pliez aux exigences fondamentales de cette discipline.

25 mai – S'alléger

L'attachement et le détachement coexistent. Il s'agit de s'attacher et de se détacher à volonté ; vous agissez, puis vous lâchez prise et vous continuez… Vous agissez de nouveau, puis vous lâchez prise et vous continuez votre chemin. Les bagages superflus rendent le voyage difficile, n'est-ce pas ? Ainsi, les bagages superflus de rêves, de désirs et d'attachements allant à l'encontre de la raison rendent le voyage de notre vie extrêmement malheureux.

Même les empereurs, les dictateurs et les gouvernants souffrent horriblement à la fin de leur vie parce qu'ils portent des bagages superflus. À ce moment-là, seul l'art du détachement peut nous aider à être en paix.

Alexandre était un grand guerrier, un empereur qui avait conquis presque un tiers du monde. Il souhaitait régner sur le monde entier mais il fut vaincu sur le champ de bataille et tomba mortellement malade. Quelques jours avant sa mort, Alexandre appela ses ministres et leur expliqua comment il souhaitait être enterré : il voulait une ouverture de chaque côté du cercueil, par où ses bras sortiraient, les paumes ouvertes et tournées vers le haut. Les ministres lui demandèrent la raison de ce vœu. Il répondit qu'ainsi, tout le monde verrait qu'Alexandre le Grand, qui toute sa vie s'était efforcé de posséder et de conquérir le monde, l'avait quitté les mains vides et n'avait rien pu emporter, pas même son corps. Les gens comprendraient ainsi à quel point il est futile de passer sa vie à courir après le monde et ses objets. Après tout, nous n'emportons rien avec nous quand nous quittons ce monde, même pas notre propre corps. Alors à quoi bon y être excessivement attaché ?

26 mai – Offrande

Amma n'attend rien de personne. Amma s'est offerte au monde. Lorsqu'on est devenu une offrande, comment peut-on attendre quoi que ce soit de qui que ce soit ? Toutes les attentes viennent de l'ego.

27 mai – Vérité et secret

Deux sujets sont abordés dans la spiritualité : la vérité et le secret. Il n'y a rien de supérieur à la vérité ; il ne faut jamais l'abandonner. Mais toutes les vérités ne sont pas bonnes à dire ouvertement à tous. Il s'agit d'examiner les circonstances et de déterminer ensuite s'il est oui ou non nécessaire de révéler quelque chose. En certaines occasions, mieux vaut garder le secret, même si nous connaissons la vérité. Prenons l'exemple d'un homme ou d'une femme ayant commis un faux pas dans un moment de faiblesse. Si la faute est connue, son avenir sera peut-être ruiné. Mais si son erreur reste secrète, il ou elle évitera peut-être de la répéter et mènera une vie juste. Dans ce cas, mieux vaut garder la vérité secrète, plutôt que de la révéler. Cela permet de sauver la vie de cette personne et de protéger sa famille. Mais avant de prendre une telle décision, il faut examiner attentivement la situation. Cependant, cela ne devrait jamais encourager qui que ce soit à répéter une erreur.

28 mai – L'envie d'aider

Quand les autres sont en difficulté, vous devriez éprouver de la compassion, l'envie d'aider. Le but de nos pratiques spirituelles est de développer un mental rempli de compassion. Une fois que vous avez cela, vous avez tout.

29 mai – Libre de tout désir

Même si vous avez très faim, si une araignée venimeuse tombe dans votre nourriture, vous n'y toucherez pas. Quand vous aurez parfaitement compris que votre désir pour les objets matériels engendre la souffrance, votre mental ne sera plus attiré par eux. En vivant ainsi avec beaucoup de vigilance, il est possible d'être libre de tout désir. C'est très difficile. C'est cependant possible si nous possédons suffisamment de vigilance, de discernement et de détachement, alliés à la contemplation et à la pratique.

30 mai – Préparer la victoire

C'est l'esprit qui rend la vie belle ou laide. Nous devrions d'abord travailler à embellir notre esprit. Autrefois, il y avait des guerres occasionnelles entre les dieux et les démons – alors qu'ils vivaient dans des mondes différents. Quand le Dieu Rama s'est incarné, l'ennemi s'est rapproché et a occupé une île voisine.

À l'époque du Dieu Krishna, l'ennemi était au sein même de la famille. À notre époque, l'ennemi s'est encore rapproché et s'est installé à l'intérieur de nous-mêmes. Ce n'est qu'en étant vainqueur de nos ennemis intérieurs que nous obtiendrons une vraie victoire.

Quels sont les ennemis intérieurs ? L'ego, la jalousie, la haine et l'avidité sont quelques-uns de ces ennemis. Pour détruire ces ennemis, il nous faut fortifier l'armée qui est en nous. Le discernement, l'humilité, l'esprit de service et l'amour pour Dieu constituent cette armée. Si nous utilisons véritablement ces forces positives, nous pourrons connaître la victoire et faire l'expérience du vrai bonheur.

31 mai – Journée mondiale sans tabac

Tout le monde sait que fumer et boire de l'alcool est mauvais pour la santé. Pourtant, la plupart des gens ayant contracté ces habitudes trouvent difficile de s'en débarrasser. Ceux qui ne parviennent pas à cesser de fumer du jour au lendemain devraient essayer de mâcher un substitut comme la cardamome ou la réglisse, ou boire un verre d'eau quand le besoin de fumer survient. Si nous essayons sincèrement, nous pouvons renoncer au tabac et à toute autre mauvaise habitude en un temps très court. Comment celui qui est incapable de se libérer des griffes d'une cigarette peut-il espérer atteindre la réalisation de Dieu ?

JUIN

1er juin – Journée mondiale des parents

Chez les enfants qui grandissent sans recevoir assez d'amour, c'est souvent une nature animale qui domine. C'est inévitable si les parents n'ont pas de valeurs spirituelles. Les parents doivent être capables de distinguer entre des besoins frivoles et les nécessités absolues de la vie. Ils devraient se contenter d'une vie simple et passer beaucoup de temps avec leurs enfants. Aimer réellement son enfant, ce n'est pas l'emmener dans des parcs de loisirs ; c'est prendre le temps de lui enseigner des valeurs nobles, des valeurs authentiques. C'est seulement si de telles valeurs sont profondément gravées chez un enfant qu'il aura plus tard la force de tenir bon dans les situations difficiles, sans jamais faiblir.

2 juin – Arroser les bonnes pensées

Un chercheur spirituel devrait accueillir toute situation avec patience. Si le miel est mélangé avec du sel, on peut faire disparaître le goût salé en rajoutant sans cesse du miel. Nous devons ainsi nous purifier intérieurement de toute trace d'animosité et du sens de l'ego. C'est possible en entretenant de bonnes pensées. Lorsque le mental est ainsi purifié nous sommes capables d'accueillir toute situation dans la joie. C'est ainsi que nous progresserons spirituellement, même si nous n'avons pas conscience de nos progrès.

3 juin – Journée mondiale du vélo

Quand la distance à parcourir est courte, au lieu de gaspiller de l'essence, nous pouvons prendre une bicyclette. Cela nous fera faire un peu d'exercice. Une des principales raisons de l'augmentation des maladies aujourd'hui, c'est le manque d'exercice. Certaines mères se plaignent à Amma que le club de gymnastique de leur enfant leur coûte très cher. Mais quand Amma leur demande comment l'enfant va à la salle de gymnastique, la mère répond : « Oh, je le dépose en voiture. » Si l'enfant parcourait cette distance à pied ou à vélo, est-ce qu'il ne ferait pas suffisamment d'exercice ?

4 juin – Ne pas confondre la personne et ses actes

Si notre tolérance renforce la vanité, l'ego d'une autre personne, alors mieux vaut la mettre de côté. Soyons cependant attentifs à n'éprouver aucun sentiment de vengeance, aucun ressentiment envers cette personne. Il ne s'agit pas de s'opposer à un individu, mais uniquement aux actions erronées qu'il commet.

5 juin – JOURNÉE MONDIALE DE L'ENVIRONNEMENT

Notre existence est inextricablement liée à la Nature. Un changement, même minime, dans la Nature se répercute dans notre vie sur cette planète. Nos pensées et nos actions ont également un effet sur elle. Si son équilibre est rompu, l'harmonie de la vie humaine est elle aussi brisée, et réciproquement. Le facteur reliant les hommes à la Nature, c'est leur innocence innée. Lorsque nous voyons un arc-en-ciel ou les vagues de l'océan, ressentons-nous toujours la joie innocente d'un enfant ? La perte de l'innocence vient avec le développement de l'égocentrisme. Alors l'être humain s'éloigne de la Nature et commence à l'exploiter. La foi en Dieu est le meilleur moyen de préserver cette innocence enfantine chez les êtres humains. Inversement, la foi et la dévotion jaillissent de l'innocence et grâce à elles, un croyant voit Dieu en tout, qu'il s'agisse d'un arbre ou d'un animal ; il perçoit Dieu dans chacun des aspects de la Nature. De ce fait, il vit en parfaite harmonie, en accord avec elle. Le fleuve d'amour infini qui s'écoule d'un véritable croyant vers la création tout entière produit un effet doux et apaisant sur son environnement. Cet amour est la meilleure protection de la Nature.

6 juin – Le courant de la vie réside dans l'union

Une goutte d'eau ne sera jamais une rivière : une rivière est composée de myriades de gouttes d'eau. C'est l'union de ces innombrables gouttes qui crée le flot. Le véritable courant de la vie réside dans l'union, dans ce sens de l'unité qu'engendre l'amour.

7 juin – Journée mondiale de la sécurité alimentaire

La Nature met toutes ses richesses à la disposition des êtres humains. Nous devrions nous aussi nous consacrer au bien-être de la Nature, de la même façon qu'elle se dévoue pour le nôtre. C'est alors seulement que l'harmonie entre la Nature et les hommes pourra être préservée. Cueillir dix feuilles quand il n'en faut que cinq, c'est un péché. Supposez que deux pommes de terre suffisent pour préparer un plat ; si vous en prenez une troisième, vous agissez sans discernement. Vous commettez une action incorrecte.

L'utilisation de la Nature quand nous en avons besoin n'est pas une erreur, mais son exploitation est une autre histoire. Elle rend notre action contraire à ce qui doit être. Premièrement, nous détruisons sans nécessité la vie de la plante, de l'animal ou de tout ce que nous exploitons. Deuxièmement, nous en privons une autre personne qui aurait pu l'utiliser, notre voisin peut-être, qui n'a rien à manger. Ainsi, à travers l'exploitation de la Nature, ce sont les autres que nous exploitons.

***8 juin* – Vivre comme un témoin**

Notre mental ressemble actuellement à un miroir placé au bord de la route : il reflète tout ce qui passe. De même, le mental suit tout ce que nous voyons ou entendons. Il nous manque cependant une des qualités que possède le miroir : bien qu'il reflète tout avec netteté, rien ne l'affecte. Tout objet disparaît dès qu'il est hors de portée du miroir. Le miroir n'est attaché à rien. C'est ainsi que devrait être notre mental. Tout ce que nous voyons, entendons ou pensons, nous devrions pouvoir l'oublier aussitôt, comme nous oublions le paysage qui défile par la fenêtre du bus. Nous ne devrions être attachés à rien. Sachant que les pensées qui apparaissent et disparaissent appartiennent au mental et n'affectent pas le Soi, vivez comme un simple témoin.

9 juin – À tout moment et en tout lieu

Mes enfants, en cet âge noir du matérialisme, répéter un mantra est la méthode la plus simple pour nous permettre de parvenir à la purification intérieure et à la concentration. La répétition du Nom divin peut être accomplie à tout moment, en tout lieu, sans observer aucune règle quant à la pureté du mental et du corps. Nous pouvons répéter notre mantra tout en étant occupés à n'importe quelle tâche.

10 juin – Prendre le temps de pratiquer

Qui peut prétendre ne pas avoir le temps de répéter un mantra ? Vous pouvez en réciter un à chaque pas quand vous marchez. Quand vous voyagez, visualisez votre divinité bien-aimée dans le ciel, ou bien répétez votre mantra en fermant les yeux. Ainsi, votre mental ne se laissera pas prendre au spectacle distrayant qui défile derrière la fenêtre et vous ne perdrez pas de temps. Vous pouvez aussi répéter le mantra en exécutant les travaux ménagers. Celui qui est déterminé trouve toujours le temps de faire ses pratiques spirituelles.

11 juin – Le bonheur à l'intérieur

Les vagues de l'océan se dressent pour s'écraser sur la plage un instant plus tard. Elles ne peuvent pas rester debout. Ainsi, la personne qui recherche ardemment les objets extérieurs, espérant trouver le bonheur, sombre ensuite dans la douleur. Le mental s'élance en quête de bonheur, mais au lieu de trouver le contentement, il ne trouve que la souffrance. Apprenons que le bonheur ne se trouve pas à l'extérieur.

12 juin – Réaliser l'unité entre hommes et femmes

Plus que d'égalité entre hommes et femmes, nous devrions parler d'unité entre hommes et femmes. Il est difficile pour les hommes et les femmes de parvenir à l'égalité au niveau physique. Si vous examinez le plan du mental, il existe un certain degré de masculinité chez les femmes et une dimension féminine chez les hommes. Les femmes ne devraient pas imiter aveuglément les hommes. Si elles essaient d'imiter les hommes, elles creusent la tombe de la féminité, mais il leur faut cultiver l'élément masculin en elles. Et les hommes devraient développer en eux l'aspect maternel. C'est cela, la perfection. Si hommes et femmes font grandir en eux ces aspects opposés, ils avanceront ensemble vers la plénitude et la perfection.

Les sociétés matérialistes considèrent que la relation entre un homme et une femme est essentiellement limitée au plan physique, mais la culture de l'Inde nous a enseigné à la considérer comme un lien au niveau spirituel. Comment est-il possible de maintenir la paix et l'harmonie au sein de la famille si l'esprit de compétition règne entre les partenaires ? En revanche, quand un homme et une femme avancent de concert avec amour et compréhension mutuelle, chacun étant prêt à s'adapter aux besoins de l'autre, ce qui naît entre eux n'est pas l'égalité, mais l'union. C'est le monde de la joie. L'homme et la femme ne font plus qu'un et oublient toute différence. L'un rattrape les insuffisances de l'autre. Grâce à l'amour chacun accepte les faiblesses de l'autre. Ils jouissent ainsi tous deux de la véritable liberté. Les gens ont besoin de ce mélange de qualités masculines et féminines. La puissance féminine est un complément pour l'homme tandis que la puissance masculine en est un pour la femme. Dans une relation, chacun a besoin du soutien, des encouragements et de l'inspiration que l'autre lui apporte. Loin de constituer un fardeau l'un pour l'autre, ils se soutiennent et se protègent mutuellement.

13 juin – **Centrer son esprit**

Votre esprit est actuellement attaché à la diversité. Le fait de répéter un mantra vous aidera à le libérer de toute cette diversité et à le centrer sur Dieu. La répétition du mantra devrait se poursuivre intérieurement de façon continue, que vous soyez en train de travailler, de marcher, de voyager ou quoi que ce soit d'autre. Ainsi, d'une manière subtile, le mental repose constamment en Dieu.

14 juin – Aimer sans rien attendre en échange

Nous devons mener notre vie comme si nous accomplissions un devoir. Alors nous ne succomberons pas au chagrin si d'autres se retournent contre nous ou nous abandonnent, et si quelqu'un que nous avons aimé plus que notre propre vie devient tout à coup hostile, nous ne nous effondrerons pas, nous n'aurons aucune raison de désespérer. Quand vous avez une coupure au doigt, ce n'est pas en vous contentant de rester assis à pleurer que vous la guérissez. Et pleurer ne vous aidera pas non plus si vous perdez votre fortune ou bien vos parents et amis. Vos larmes ne les feront pas revenir. Mais si nous comprenons et acceptons le fait que ceux qui sont avec nous aujourd'hui peuvent nous quitter demain, nous pourrons vivre heureux et libres de tout souci ; peu importe alors qui se retourne contre nous ou bien nous quitte. Cela ne signifie pas que nous ne devons aimer personne, au contraire, nous devrions aimer tout le monde. Mais cet amour doit être désintéressé. Aimons sans rien attendre en échange ; nous éviterons ainsi la souffrance.

15 juin – Journée mondiale contre la faim

Ne mangez qu'après avoir prié : « Ô Dieu, est-ce que tout le monde a mangé ? Chacun a-t-il ce qu'il lui faut ? Je T'en prie, bénis tous les êtres afin qu'ils obtiennent ce dont ils ont besoin. »

16 juin – Tout aura des conséquences

Il arrive que, dans certaines familles, les décès se succèdent. D'autres connaissent des accidents en série. Certains couples ne peuvent avoir d'enfants et d'autres les perdent jeunes. Dans certaines familles, les femmes se retrouvent veuves à trente ou quarante ans. La seule explication à tous ces évènements, c'est qu'il s'agit du fruit d'actions passées dans nos vies antérieures.

C'est pourquoi il nous faut faire preuve d'une vigilance extrême lorsque nous accomplissons la moindre action, lorsque nous prononçons la moindre parole, lorsque nous lançons le moindre regard et même à la moindre pensée. Chacune de nos pensées, de nos paroles et de nos actions a des conséquences. Chacun de nos actes, bon ou mauvais, produit un effet.

17 juin – Un même message

Le christianisme dit : « Aime ton prochain comme toi-même. » L'hindouisme dit : « Nous devrions prier pour que les autres aient ce que nous désirons pour nous-mêmes. » L'islam dit : « Si l'âne de ton ennemi tombe malade, tu dois le soigner. » Le judaïsme dit : « Haïr son voisin, c'est se haïr soi-même. » C'est le même message, exprimé de façon différente. Le sens de toutes ces paroles est : puisque la même âme demeure en toute chose, voyons l'Un en tous et servons-le en tous.

18 juin – **Fortifier le mental**

Nous avons amélioré le monde extérieur, mais le monde intérieur dépérit. Les gens d'autrefois recevaient l'entraînement nécessaire pour garder la maîtrise de leur mental en toutes circonstances. Ainsi, ils n'étaient pas contraints d'affronter la vie affaiblis par des choses insignifiantes. Quoi que vous ayez pu apprendre, si vous tombez dans une eau profonde sans savoir nager, vous ne survivrez pas. De même, vous aurez beau jouir de tout le confort matériel possible, si vous n'avez pas entraîné votre mental, il vous sera impossible de goûter la paix intérieure. À l'avenir, les êtres humains deviendront très faibles s'ils ne parviennent pas à trouver le repos en eux-mêmes, car il y aura de moins en moins d'êtres capables de les aimer de manière désintéressée.

19 juin – Ni fierté ni honte

Il est impossible d'atteindre Dieu sans abandonner les sentiments de fierté et de honte. Nous ne pouvons nous élever au niveau du Soi sans abandonner la conscience du corps.

20 juin – Changement permanent

Le corps change, lui aussi. Ne soyez pas trop attaché au corps. Chaque cellule du corps change à chaque instant. La vie elle-même passe par différentes étapes : la petite enfance, l'enfance, la jeunesse, l'âge mûr et la vieillesse. Ne considérez pas le corps comme réel, ne lui consacrez pas votre vie. Au fur et à mesure que vous avancez dans la vie, essayez de comprendre la nature de chaque chose. Ainsi, vous n'aurez pas à souffrir.

Imaginez que vous possédiez un diamant très précieux. Vous pouvez en faire un bijou magnifique. Mais si vous l'avalez, vous pouvez en mourir. Ainsi, tout est conçu pour un certain usage. Si nous le comprenons, nous n'aurons aucune raison de souffrir. C'est pourquoi il est conseillé d'apprendre la spiritualité. Ne vaut-il pas mieux prévenir une chute plutôt que de chercher une solution une fois que nous sommes tombés ? Acquérir la compréhension des principes spirituels, c'est acquérir la connaissance essentielle.

21 juin – Journée internationale du yoga

Pour enseigner à un enfant sourd, il faut utiliser le langage des signes et pour enseigner à un aveugle, la méthode Braille qui emploie le sens du toucher. Si l'enfant souffre d'un handicap mental, il faut se mettre à son niveau et lui expliquer les choses d'une manière simple et compréhensible. C'est uniquement quand l'enseignement est adapté aux élèves qu'ils peuvent l'assimiler. Ainsi, les maîtres spirituels examinent le tempérament et les tendances résiduelles subconscientes de chaque disciple, puis ils décident de la voie qu'il doit suivre. Les chemins ont beau être différents, le but est toujours le même : la Vérité ultime. Dans l'hindouisme, la manière de vénérer Dieu diffère selon chaque personne. Chacun peut choisir la méthode qui lui convient le mieux. C'est ainsi qu'ont vu le jour de nombreuses voies spirituelles telles que le yoga de la connaissance, le yoga de la dévotion, le yoga de l'action, le yoga à huit membres, le yoga d'effort, le yoga de la Kundalini, le yoga des techniques, le yoga de la respiration, le tantra yoga ou le yoga du son. L'équanimité, c'est le yoga – l'union avec Dieu. Une fois que nous avons atteint l'équanimité, nous ressentirons un flot ininterrompu de grâce. Alors les pratiques spirituelles ne seront plus nécessaires.

22 juin – Germination

L'arbre est latent à l'intérieur de la graine. Mais si la graine, pleine de vanité, se dit : « Je ne veux pas me prosterner devant cette terre. Je suis un arbre. Je n'ai pas besoin de m'enfoncer dans ce terreau sale », si telle est l'attitude de la graine, elle ne germera pas, ne donnera aucune pousse et ne deviendra jamais un arbre qui offre de l'ombre et des fruits. Il ne suffit pas que la graine pense qu'elle est un arbre pour qu'il se passe quelque chose. Elle restera à l'état de graine.

Donc, soyez une graine, mais soyez prêt à tomber sur le sol et à rentrer sous terre. Alors la terre prendra soin de la graine.

23 juin – Avec ou sans conscience

Nous avons commis bien des erreurs sans le savoir. Dieu nous le pardonne. Mais une fois que nous sommes conscients de mal faire, Il ne pardonnera pas si nous recommençons. C'est ce qu'il faut éviter, même si cela nous demande un effort.

Inutile de déplorer la vie que nous avons menée jusqu'à aujourd'hui. C'est comme un chèque annulé ou comme les fautes que vous faites en écrivant au crayon. Avec une gomme, vous pouvez effacer, mais cela ne marche pas indéfiniment. Si vous gommez trop souvent, le papier se déchire. Les erreurs que nous commettons par ignorance, Dieu les oublie.

Mais recommencer en sachant que c'est mal, c'est une grande transgression de l'ordre universel et nous devons absolument l'éviter.

24 juin – Se changer pour changer le monde

Il est vain de déclarer que nous n'essaierons de nous améliorer qu'une fois que les autres auront changé. Si nous sommes prêts à changer, même si les autres s'y refusent, nous verrons des changements se produire également dans la société. Ne vous découragez pas si vous ne voyez pas de résultat tangible en vous-même. La transformation se produit à l'intérieur. Tout changement salutaire qui se produit en nous ne manquera pas d'entraîner une transformation au sein de la société.

25 juin – Gagner en profondeur

Le mental est une accumulation de pensées. Les pensées sont comme les vagues de l'océan. Elles se lèvent, se succèdent. On ne peut les arrêter de force. Mais quand l'océan est profond, les vagues s'apaisent. Essayez ainsi de concentrer le mental sur une seule pensée, au lieu de vouloir les stopper à tout prix. Alors l'océan du mental gagnera en profondeur et sera tranquille. Même si de petites vagues se forment en surface, au-dessous, il sera paisible.

26 *juin* – Visualisation

Il faut un minimum de trois ans avant de pouvoir bien fixer en soi la forme sur laquelle on médite. Efforçons-nous au début d'atteindre la concentration en regardant une image ou une photo de notre divinité d'élection. Après avoir contemplé pendant dix minutes notre support de méditation, méditons les yeux fermés pendant dix minutes. Si nous persévérons, nous obtiendrons peu à peu une vision intérieure nette de la forme.

27 *juin* – Cette charité qui nourrit nos âmes

N'oubliez pas de réserver au moins une heure par jour au service d'autrui. Tandis que les aliments que nous mangeons nourrissent notre corps, c'est ce que nous donnons en charité qui nourrit notre âme. Si vous n'avez pas le temps de le faire tous les jours, réservez au moins quelques heures chaque semaine pour des actes de charité qui en valent la peine.

28 *juin* – Tout appartient à Dieu

Mes enfants, nous parlons de nos sacrifices. Mais que possédons-nous réellement à quoi nous ne puissions renoncer ? Qu'est-ce qui nous appartient vraiment ? Ce que nous appelons aujourd'hui nôtre ne le sera plus demain. Tout appartient à Dieu. C'est sa grâce qui nous procure tout. Si quelque chose nous est propre, ce sont nos attractions et nos répulsions ; c'est à cela qu'il nous faut renoncer. Tant que cet attachement demeure, nous aurons beau nous défaire de bien des choses, nous connaîtrons le chagrin. Le vrai renoncement ne se produit que lorsque nous sommes convaincus au tréfonds de nous-mêmes que ni la famille, ni la richesse, ni la réussite sociale ou la célébrité ne nous apporteront une paix durable.

29 juin – Se tourner vers les énergies bénéfiques

Il y a encore quelques années, on voyait à côté de chaque maison un bosquet où s'élevait un petit temple. Dans ce petit bois, les gens plantaient des arbres aux propriétés médicinales importantes, comme le banian, ou le figuier. C'est là qu'au crépuscule, ils offraient leurs prières et chantaient les noms de Dieu, à la lumière des lampes à huile. La science a découvert récemment que la musique est bénéfique à la santé des plantes et des arbres. Outre la béatitude qu'ils apportent à toutes les créatures, les chants dévotionnels, pratiqués avec amour, donnent la pureté et la paix à notre esprit. Le vent qui passe à travers les feuilles des simples[1] et des arbres médicinaux est également bénéfique pour la santé. La fumée dégagée

1. Terme générique pour parler des plantes médicinales.

par la mèche trempée dans l'huile qui brûle dans une lampe en cuivre, tout comme celle d'une bougie de pure cire d'abeille, tue les microbes de l'atmosphère. Par-dessus tout, les prières faites avec concentration rétablissent l'harmonie perdue de la Nature.

30 juin – **Pas de résultat sans action**

Il est souvent plus rapide d'enseigner par des actes que par des paroles. Nous devons être prêts à agir, sans nous soucier de savoir si quelqu'un viendra ou non nous aider. Les gens ne manqueront pas alors de se joindre à nous et de nous soutenir. Si nous nous contentons de rester à l'écart, à blâmer et à critiquer autrui, nous le faisons avec un esprit pollué et leur esprit deviendra alors pollué comme le nôtre. Il nous faut donc agir, sans nous contenter de parler. Le changement n'est possible que grâce à l'action.

JUILLET

1er juillet – La peau et la pulpe

Amma ne dit pas qu'il faut rejeter complètement les plaisirs du monde, mais comprenez qu'ils ne vous apporteront jamais le bonheur réel. Ce n'est pas la peau d'un fruit qui lui donne sa saveur, mais la pulpe. N'accordez pas à la peau plus d'importance qu'elle ne le mérite. Quand vous comprenez que les plaisirs des sens ne sont pas le but réel de la vie, vous n'êtes plus attaché qu'au Soi suprême. Il est possible d'atteindre le but tout en menant une vie de famille, mais à condition de rester complètement détaché.

2 juillet – L'unité dans la diversité

Si vous prenez trois centilitres d'huile et que vous les répartissez dans cent récipients, il ne restera dans chacun d'eux qu'une mince pellicule d'huile adhérant à la paroi. Vous accomplissez vos pratiques spirituelles, mais ensuite vous vous préoccupez d'une foule de choses différentes. La puissance que vous avez gagnée par votre concentration, vous la perdez en vous dispersant. Si seulement vous pouviez voir l'unité dans la diversité, vous ne dissiperiez pas beaucoup d'énergie. Si vous parveniez à percevoir chaque chose comme l'essence de Dieu, vous ne dilapideriez pas votre force spirituelle.

3 juillet – Utiliser la parole à bon escient

Mes enfants, aidez les gens s'ils en ont besoin, mais ne perdez pas trop de temps à leur parler. Il est inutile d'essayer de renforcer leur foi par des paroles. Quand vous plantez un arbuste, il a peut-être quelques feuilles, mais vous ne pouvez juger de sa croissance que par les feuilles nouvelles qui apparaissent quand l'arbre a pris racine. Seule la foi qui vient de notre propre expérience est permanente, comme les feuilles qui croissent après que l'arbre est enraciné. Ne parlez longuement qu'à ceux qui désirent vraiment savoir.

4 juillet – Un esprit aussi vaste que l'univers

Nous devrions avoir l'attitude d'un débutant. Seul un débutant a la patience nécessaire pour tout apprendre. Le fait que notre corps ait grandi ne signifie pas que notre esprit soit mûr. Si vous souhaitez que votre esprit s'ouvre et devienne aussi vaste que l'univers, il faut que vous ayez l'attitude d'un enfant, parce que seul un enfant peut grandir et se développer.

5 juillet – Sortir de l'ignorance

Si une plante de cardamome pousse là où nous avions semé des graines de sésame, que faut-il garder, le sésame ou la cardamome ? La cardamome est beaucoup plus précieuse que les graines de sésame.

Donc, à partir d'aujourd'hui au moins, faisons une place dans notre mental au Soi éternel. Alors certaines circonstances favorables à la connaissance du Soi apparaîtront. Nous goûterons la béatitude et nous serons remplis d'énergie. Sinon, si nous persistons à semer les graines de moindre valeur, nous resterons pauvres à jamais.

Essayons de sortir de notre ignorance le plus vite possible. Cette vie humaine est une bénédiction qui nous a été accordée dans ce but.

6 juillet – Relié à l'univers

Le lien d'Amma avec la Nature n'est pas une relation ; c'est une unité absolue. Qui aime Dieu aime aussi la Nature, parce que les deux ne font qu'un. Une fois que l'on a atteint l'illumination, on est relié à tout l'univers. Dans la relation d'Amma avec la

Nature, il n'y a pas « l'amant et l'aimée », seulement l'amour. Il n'y a pas « deux » mais seulement un ; il n'y a que l'amour.

7 juillet – À toute heure

Si vous ne parvenez pas à vous libérer un moment chaque jour pour adorer Dieu, essayez d'être comme les *gopis*[1]. Elles n'avaient pas d'heure pour prier. Elles voyaient Dieu en accomplissant leur travail. Elles répétaient le nom divin en barattant le lait et en broyant le grain, en faisant les travaux du ménage. Les pots de poivre, de coriandre et d'autres épices portaient les noms de Krishna. Quand elles voulaient du poivre, elles demandaient Mukunda[2]. Si elles donnaient de la coriandre, c'était Govinda. Elles ne faisaient rien d'autre que de chanter les noms du Seigneur, toujours et partout. Elles pouvaient ainsi se souvenir de Dieu sans effort spécial. Ceux qui n'ont pas la possibilité de consacrer un moment particulier à la pratique peuvent songer à Dieu de cette façon.

1. Dans les Écritures, les *gopis* sont de jeunes gardiennes de vaches entièrement dévouées à Krishna.
2. Mukunda et Govinda sont deux noms du dieu Krishna.

8 juillet – Offrir nos défauts à Dieu

Si vous aimez méditer sur une flamme, cela suffit. Assis dans une pièce obscure, regardez pendant quelque temps la flamme d'une bougie. La flamme ne doit pas vaciller. On peut méditer sur elle en la visualisant dans le cœur ou entre les sourcils. On peut aussi se concentrer, après avoir contemplé la flamme un moment, sur la lumière que l'on voit alors en fermant les yeux. Représentez-vous votre divinité bien-aimée debout dans la flamme, ou mieux encore, dans un feu sacrificiel. Imaginez que vous offrez votre ego, votre colère, votre jalousie, tous vos défauts, à votre divinité bien-aimée, afin qu'ils soient consumés dans le feu sacrificiel.

9 juillet – L'immense fatras de nos pensées

Le mental a accumulé des pensées et des désirs depuis la nuit des temps. Toutes ces émotions sont profondément enfouies en vous.

Ce que vous voyez et percevez à la surface du mental n'est qu'une petite portion des couches latentes tapies à l'intérieur. Quand vous essayez de calmer le mental grâce à la méditation, ces pensées remontent peu à peu à la surface. Cela revient à essayer de nettoyer un sol qui n'a pas été lavé depuis des années. Quand on se met à la tâche, plus on lave, plus la saleté accumulée ressort.

Il se passe la même chose avec le mental. Jamais auparavant nous n'avons prêté attention à toutes les pensées qui le traversaient. Comme le sol recouvert de saleté, notre mental a depuis très longtemps accumulé des pensées, des désirs et des émotions. Nous n'avons conscience que des plus superficielles. Mais sous la surface, il y en a d'innombrables strates. Au fur et à mesure que notre méditation s'approfondit, les pensées se révèlent, comme la saleté se détache du sol au cours du nettoyage. Continuez à nettoyer et elles disparaîtront. En fait, il est bon qu'elles remontent à la surface. Parce qu'une fois qu'on les voit et qu'on les reconnaît, il est plus facile de les éliminer.

Les pensées qui constituent le mental n'ont en réalité pas de vie propre. Elles sont notre création personnelle. Nous les rendons réelles en coopérant avec elles. Si nous leur retirons notre soutien, elles se dissolvent. Observez-les, sans les juger, et vous les verrez s'éloigner peu à peu. Ne perdez pas patience, persévérez.

10 juillet – **Un espace dédié**

Là où vous vivez, pensez à réserver une place à Dieu. Ceux qui n'ont pas la possibilité de construire une pièce séparée pour l'adoration peuvent réserver au moins un coin de leur chambre pour la méditation ou l'étude spirituelle. Cet endroit ne devrait être utilisé que pour des pratiques spirituelles. Ne reléguez pas Dieu dans le cagibi sous l'escalier. Nous devrions vivre en serviteurs de Dieu et non pas lui réserver la place d'un domestique.

11 juillet – Renaissance

On renaît quand on meurt complètement à notre ego.

12 juillet – Partager ses richesses

Soyez le serviteur de Dieu. C'est lui qui nous donne tout et il veut que nous partagions sa richesse avec tous. Si telle est sa volonté, qui êtes-vous pour décider de la garder pour vous ? Si vous allez à l'encontre de la volonté de Dieu en refusant de partager, vous accaparez cette richesse, ce qui revient à la dérober. Considérez-vous comme un visiteur en ce monde.

Un homme alla un jour rendre visite à une grande âme. Voyant que la maison ne contenait aucun meuble, aucune décoration, le visiteur s'étonna :

– C'est étrange, pourquoi n'y a-t-il donc aucun meuble ici ?

– Qui es-tu ? lui demanda le sage.

– Je suis un visiteur, répondit l'homme.

– Eh bien moi aussi, répondit le sage. Alors pourquoi devrais-je stupidement accumuler des objets ?

13 juillet – **S'incliner devant autrui**

Personne ou presque ne souhaite cultiver l'humilité. Les gens en sont dépourvus car ils tirent vanité de ce qui est irréel. Le corps est une forme remplie uniquement d'ego, du sens du « moi ». Il est pollué par l'ego, la colère et les désirs. Pour le purifier, il est nécessaire de développer des qualités telles que l'humilité et la modestie. En laissant l'ego se perpétuer, vous ne faites qu'accroître la vanité que vous tirez du corps. Pour éliminer l'ego, vous devez être prêt à faire preuve d'humilité et à vous incliner devant autrui.

14 juillet – **Entraîner son mental**

Il ne vous est pas difficile de penser à vos parents, à votre famille, à vos amis ou à vos plats préférés. Vous pouvez les voir mentalement dès que vous y pensez et garder leur image à l'esprit tant que vous le souhaitez. C'est possible parce qu'ils vous sont familiers depuis longtemps. Il n'est pas nécessaire d'entraîner le mental à penser aux objets de ce monde, parce qu'il y est habitué. Il vous faut développer le même genre de lien avec Dieu. Tel est le but de la répétition du mantra, de la méditation et des enseignements spirituels.

Vous ne perdrez alors plus jamais conscience de la présence divine, quelles que soient vos pensées ou quels que soient les objets du monde que vous voyez.

15 juillet – **Une unique conscience pour tous**

Même si nous voyons mille soleils reflétés dans mille pots remplis d'eau, il n'existe qu'un seul soleil. Lorsque nous verrons que la conscience qui est en chacun de nous est la même, qu'elle est unique, alors nous serons capables de prendre en compte les besoins des autres avant les nôtres. Si, par exemple, nous avons besoin d'une montre, une montre à cinquante roupies ou une montre à cinquante mille roupies indiqueront l'heure aussi bien l'une que l'autre. Si nous achetons la montre à cinquante roupies et employons le reste à aider les pauvres, nous rendrons un grand service à la société.

16 juillet – **Distinguer l'éternel de l'éphémère**

Efforcez-vous de voir le bien en tout et enseignez aux autres à faire de même. On dit que le cygne, si on lui offre un mélange d'eau et de lait, est capable d'en extraire le lait. Ayez l'esprit large. Ne prenez que ce qui est bon. Vivez en distinguant toujours avec soin l'éternel de l'éphémère.

17 juillet – Purifier ses sentiments

Nous aurons beau répéter notre mantra un million de fois et faire d'innombrables pèlerinages, jamais nous ne trouverons Dieu si nous nourrissons de mauvais sentiments envers les autres ou leur passons sur le corps pour obtenir ce que nous voulons. Quand on verse du lait dans un récipient sale, le seul résultat, c'est qu'il tourne. Les bonnes actions purifient le mental.

18 juillet – Journée internationale Nelson Mandela

Il fut une époque où les êtres humains s'émerveillaient en contemplant les phénomènes naturels. Au fil du temps, ils entreprirent de les observer et de les examiner de plus près ; les contempler ne leur suffisait plus. Aujourd'hui, à l'heure de l'ère scientifique, l'homme s'efforce de plonger au cœur des mystères de l'univers. La science et l'intellect sont parvenus à leur zénith. Cependant une réalité demeure inconnue et reste hors de portée de l'intellect : la réalité du pouvoir infini du Soi intérieur. Comme disait Nelson Mandela, « notre peur la plus profonde n'est pas que nous ne soyons pas à la hauteur. Notre peur la plus profonde est que nous sommes puissants au-delà de toute limite ».

C'est en l'être humain lui-même que ce pouvoir universel existe, mais l'homme continue d'ignorer cette vérité, qui n'a pas encore pris racine en lui. La vérité suprême ne peut se révéler qu'à travers la foi et la méditation. La science, qui s'est développée jusque-là grâce à l'intellect humain, ne peut maintenant progresser qu'au moyen de la méditation. Seule la connaissance du Soi intérieur permettra à la science d'atteindre son apogée.

Que l'effort pour découvrir l'essence de notre nature – ce pouvoir universel qui réside en chacun de nous – soit un des traits caractéristiques du nouveau millénaire que nous sommes sur le point d'aborder. Faisons de cette découverte un des objectifs principaux du siècle à venir. En donnant notre confiance au pouvoir infini du Soi, nous n'avons rien à perdre, sinon la prison de notre propre ignorance. Il nous faut briser le carcan des limites qui nous enserrent, pour que notre cœur s'ouvre, pour connaître autrui et comprendre le tourment et la souffrance de l'autre en nous mettant à sa place.

Pour la science moderne, le monde se divise en deux catégories : le connu et l'inconnu. Dans le futur, les scientifiques découvriront peut-être une grande part de ce qui est encore inconnu. Mais c'est l'inconnaissable, ce qui est bien au-delà de l'intellect, que nous devons chercher à découvrir. Cet inconnaissable est Dieu, notre véritable Soi.

19 juillet – Consacrer notre vie au bien du monde

Toutes les pratiques spirituelles visent à développer en nous le désir de consacrer notre vie au monde entier. Mais Amma est prête à adorer les pieds de toute personne disposée à vouer sa vie au bien du monde, même si celle-ci n'a aucun penchant pour les disciplines spirituelles. Les bienfaits que l'on retire de la prière s'obtiennent aussi grâce au service désintéressé. Le don total de soi, c'est la perfection. Dans cet état, l'individu limité disparaît.

20 juillet – Surmonter la tristesse

Mes enfants, si vous ne réussissez pas à surmonter votre tristesse, méditez et répétez un mantra pendant un moment ou bien lisez un texte tiré des Écritures. Au lieu de laisser le mental vagabonder, fixez-le sur une activité que vous aimez. Cela vous permettra de trouver le calme intérieur. Ainsi, vous ne perdrez pas de temps et vous ne ruinerez pas votre santé.

21 juillet – Notre aveuglement

En injectant des hormones aux poules nous essayons de faire grossir les œufs. Nous leur faisons pondre deux œufs par jour en les enfermant dans l'obscurité puis en laissant pénétrer la lumière après quelque temps, pour leur donner l'impression qu'une nouvelle journée commence. Mais en agissant ainsi nous écourtons de moitié la durée de vie de la poule. Les œufs perdent leur qualité. Le désir de l'argent et du profit a aveuglé l'homme et détruit sa bonté et sa vertu.

22 juillet – Transformer le savoir en expérience

Écrire le mot *sucre* sur un bout de papier pour le lécher ensuite ne permet pas de savourer le goût du sucre. Pour cela, il faut le goûter. Le simple fait de lire des livres qui parlent de l'Absolu ou d'en discuter ne nous donnera pas l'expérience de l'Absolu. Nos actions devraient refléter ce que nous avons lu et étudié. C'est alors seulement que notre connaissance se transforme en expérience.

23 juillet – S'accrocher à la seule vérité éternelle

Un oiseau est assis sur une petite branche morte et mange un fruit qu'il a trouvé. Il sait que le rameau peut se briser à tout instant, il est donc très vigilant, perché sur sa branche. Comprenez que telle est la nature de ce monde. Tout peut nous quitter, à tout moment. Gardez cela en mémoire. Dieu seul est éternel, accrochez-vous à cette vérité.

24 juillet – Hommage au maître spirituel

Le mental d'un maître spirituel n'est pas comme le nôtre, qui passe son temps à courir après les plaisirs du monde. Le mental d'un maître est comme un arbre qui donne de l'ombre et des fruits savoureux même à ceux qui l'abattent. Bien qu'il brûle sa vie en accomplissant sans relâche des actions désintéressées, à la manière d'un bâton d'encens qui offre son parfum au prix de son existence même, le sage ressent un immense bonheur à répandre l'amour et la paix dans la société tout entière. Seul un être de cette envergure est capable de nous guider sur le chemin de l'action juste, nous qui sommes remplis d'ego et d'attachements. De tels sages ne sont pas l'apanage d'un individu, d'un groupe, d'une secte ou d'un credo particuliers. Ils sont là pour l'ensemble de l'humanité, pour se donner au monde entier.

25 juillet – Ouvrons une ère nouvelle

Nous n'assimilons pas les leçons que la Nature essaie de nous enseigner. Regardez-la en hiver. Les arbres perdent toutes leurs feuilles, ils ne donnent plus de fruits et même les oiseaux s'y font rares. Mais quand arrive le printemps, toute la Nature est transformée ; de nouvelles feuilles poussent sur les arbres, les plantes et bien vite des fleurs s'épanouissent et les branches se chargent de fruits. Partout on entend le pépiement des oiseaux et le battement de leurs ailes. L'air lui-même est parfumé, vibrant de vitalité. Les mêmes arbres qui, quelques mois plus tôt, semblaient mourir, sont maintenant remplis d'une vie nouvelle, pleine de beauté et d'énergie.

Suivant l'exemple que nous donne la Nature, les pays et leurs dirigeants devraient se débarrasser de leurs vieilles conceptions concernant la guerre. Il est temps de mettre fin à la cruauté et à la brutalité dont l'homme a fait preuve envers l'homme au nom de la guerre. La guerre est le produit d'esprits sans culture. Effaçons ces schémas de pensée et remplaçons-les par de nouvelles feuilles, fleurs et fruits de compassion et de beauté. Peu à peu, nous pourrons détruire notre démon intérieur, le « désir de guerre », qui est une malédiction à la fois pour l'humanité et pour la Nature. Nous entrerons alors dans une ère nouvelle de paix et de bonheur.

26 juillet – La clé du royaume

Il est rare que nous soyons prêts à tendre la main aux gens que nous considérons comme ordinaires. Nous ne trouvons pas le temps d'écouter leurs peines, nous ne sommes pas disposés à les aider dans la mesure de notre possible. En réalité, de tels actes constituent aussi une manière d'adorer Dieu. Si seulement nous

nous décidions à les aider, nous obtiendrions la clé du royaume de la joie.

27 juillet – **Condamner l'action, non la personne**

Ne nous mettons pas en colère contre celui qui se comporte d'une manière injuste. Si la colère s'éveille, elle doit être dirigée contre les actions de la personne, non contre elle.

28 juillet – **Garder le mental sous surveillance**

Quand vous vous asseyez pour méditer, ne croyez pas que vous allez pouvoir calmer le mental immédiatement. Détendez d'abord toutes les parties du corps. Desserrez vos vêtements s'ils vous gênent. Assurez-vous que la colonne vertébrale est droite. Puis fermez les yeux et concentrez-vous sur la respiration. Vous devez être conscient de l'inspiration et de l'expiration. D'ordinaire, nous respirons sans y prêter attention, mais il ne devrait pas en être ainsi ; il faut prendre conscience de ce processus. Le mental sera alors en éveil.

Si vous restez assis un moment, le mental s'apaise. Vous pouvez continuer la méditation en vous concentrant toujours sur la respiration, ou bien méditer sur la forme de votre divinité d'élection. Si votre mental s'égare, ramenez-le sur l'objet de votre méditation. Si vous n'y parvenez pas, il suffit d'observer où vont les pensées. Le mental doit rester sous votre surveillance ; il cessera alors de vagabonder et vous en aurez le contrôle.

Mes enfants, commencez à méditer dès maintenant.

29 juillet – La religion, source d'harmonie

Autrefois, un grand nombre de personnes formant une seule famille vivaient sous le même toit. Elles étaient heureuses et s'aimaient mutuellement. Aujourd'hui, si seulement trois personnes vivent ensemble, elles se querellent. Il n'y a pas de sympathie ni de véritable compréhension entre elles. Les larmes nous viennent aux yeux quand nous nous rappelons la paix et l'unité qui prévalaient dans le passé. Maintenant, nous ne pouvons qu'en rêver. Ce genre de société était possible parce que les gens accordaient à la religion la première importance aussi bien dans leur vie individuelle qu'au sein de la communauté. La religion demande que nous abandonnions la notion de dualité. La religion unit la nature intérieure de l'homme avec la nature extérieure du monde.

30 juillet – Journée internationale de l'amitié entre les peuples, pays, cultures, individus

Il était une fois deux nations, situées sur les deux rives d'un lac, dont les populations étaient traditionnellement ennemies. Il y eut un jour un orage imprévu, et quelques bateaux chavirèrent. Un homme nageait pour atteindre la rive quand il en vit un autre qui était en train de se noyer. Il l'aida et réussit à le sauver. Ayant atteint la rive, ils furent tous deux si soulagés qu'ils s'étreignirent. Puis ils se mirent à parler. Ils découvrirent bientôt qu'ils appartenaient aux deux nations ennemies et aussitôt, la haine jaillit en eux. Celui qui avait sauvé l'autre cria : « Si j'avais su que tu étais mon ennemi, je t'aurais laissé te noyer ! » Tant que cet homme ignorait la nationalité de l'autre, il n'avait conscience que de leur nature humaine commune. Son sentiment instinctif de fraternité et de compassion était si fort qu'il risqua sa propre vie pour sauver l'autre. Pendant un moment, il s'est comporté d'abord et avant tout comme un être humain, appliquant les valeurs humaines fondamentales, les valeurs les plus nobles. Ses autres liens n'avaient plus qu'une importance secondaire. Nous sommes tous au fond des êtres humains, les membres d'une même famille planétaire. Notre appartenance à une religion ou à un pays ne vient qu'ensuite. En aucune circonstance, nos liens avec une religion, une culture ou un pays ne devraient nous faire oublier les valeurs humaines essentielles.

31 juillet – **Se confier à Dieu**

Quelles que soient vos souffrances, regardez la Nature et imaginez la forme de votre divinité bien-aimée dans les arbres, les montagnes, dans ce qui vous entoure. Confiez-vous à ces éléments de la Nature. Ou bien imaginez que votre divinité d'élection est là, devant vous, dans le ciel, et parlez-lui. À quoi bon raconter vos chagrins aux autres ?

AOÛT

1er août – Grandir dans le sein de l'amour

Tant que les enfants ont moins de cinq ans, on ne doit leur donner que de l'amour. Il faut leur accorder une liberté sans restriction et les laisser jouer librement. Certes, on doit veiller à leur sécurité, éviter par exemple qu'ils se brûlent ou qu'ils tombent à l'eau, mais c'est tout. Quelles que soient les espiègleries auxquelles ils se livrent, les petits enfants ne devraient recevoir que de l'amour. Ils devraient grandir dans le sein de l'amour, exactement comme quand ils sont dans le ventre de leur mère pendant la gestation. Mais ce n'est pas ce qui se passe actuellement. On les envoie souvent à l'école quand ils sont encore trop petits et cela ne crée en eux que des tensions. Cela revient à introduire des vers dans des boutons de fleurs qui devraient donner de magnifiques fleurs parfumées ! Même si les boutons s'épanouissent, ils donnent des fleurs atrophiées. Pour que cela change, il faut d'abord que les parents acquièrent une certaine compréhension de la spiritualité et la transmettent à leurs enfants. Chacun devrait connaître la fonction de la spiritualité dans la vie. L'éducation ordinaire permet de trouver un emploi et de manger à notre faim, mais elle ne suffit pas pour être épanoui.

2 août – **Une voie toujours gagnante**

On ne se lasse jamais de la douceur de Dieu. Dieu est la source à la fois de la libération et de la prospérité matérielle. Chaque instant où nous prenons refuge en Dieu est béatitude et prospérité. C'est une chose que rien ne peut égaler. Le temps que nous passons à méditer sur Dieu n'est jamais perdu. Jamais personne n'est mort de faim alors qu'il méditait sur Dieu. Il ne faut jamais considérer la méditation comme une activité inutile. Ressuscitons cette voie et encourageons les autres à la suivre. Dans cette affaire, on n'est jamais perdant, toujours gagnant.

3 août – **L'esprit d'empathie**

Aimez les pauvres d'un cœur ouvert. Ressentez de l'empathie pour eux. Considérons que notre devoir est de les aimer et de les servir et qu'il s'agit là d'un bien que Dieu nous a confié. Quand nous cultivons cette attitude, nous n'avons plus le temps de nous affliger sur notre propre sort.

4 *août* – Soyons des modèles

Chacune de nos paroles devrait induire une transformation chez les auditeurs. Soyons des modèles pour autrui, car c'est ce qui conférera à nos paroles ce pouvoir transformateur ; elles exprimeront la simplicité et l'humilité. Mais à l'heure actuelle, si nous les examinons, nous n'y trouverons pas la moindre trace d'humilité. Elles indiquent au contraire que nous voulons être meilleurs que les autres. Celui qui est au bas de l'échelle sociale, lui aussi, prend de grands airs devant les autres. Nous négligeons le fait que la véritable grandeur d'un être, c'est son humilité.

5 *août* – Une seconde chance

Il faut donner une seconde chance à ceux qui échouent et les aider au lieu de les rejeter. En les épaulant, nous pouvons en faire des gagnants.

6 *août* – L'amour et la foi donnent à la vie sa beauté

Nos contemporains se préoccupent de l'intellect et de la raison : ils considèrent souvent que l'amour et la foi sont aveugles. Mais c'est la raison qui est aveugle. En effet, quand il n'y a rien d'autre que la logique et la raison, la vie elle-même se fane et meurt. C'est donc l'amour, la confiance mutuelle et la foi qu'il faut développer en priorité. Imaginez un monde qui reposerait uniquement sur l'intellect et la raison ! Dans un tel monde, il n'y aurait plus que des robots à l'esthétique impeccable, doués du mouvement et de la parole. L'amour et la foi sont le fondement de la vie.

Il faut placer le fumier et l'engrais au pied du rosier et non sur les fleurs au parfum délicat car elles se faneraient aussitôt. Utilisez la raison et l'intellect à bon escient. Ne les laissez pas détruire l'amour et la foi qui donnent à la vie sa beauté et son parfum !

7 août – **Ne jamais abandonner**

Abandonnez tout aux pieds de Dieu. Même notre prochaine respiration n'est pas certaine : la décision n'est pas entre nos mains. C'est la volonté de Dieu qui prévaut. Ce qui nous appartient, c'est de faire des efforts et d'agir en utilisant les capacités que Dieu nous a données. N'abandonnez jamais. Quoi que nous fassions, il est essentiel d'y mettre tout son cœur et de faire de son mieux.

8 août – **S'offrir comme un bâton d'encens**

Qui que nous aidions, n'attendons jamais rien en retour, pas la moindre gentillesse. Nous recevrons peut-être des insultes en échange de notre aide et si nous avons la moindre attente, il en résultera de la souffrance. Notre mental devrait être pareil à un bâton d'encens qui brûle en offrant son parfum à tous, y compris à celui qui le fait brûler. C'est cette attitude qui nous amène aux pieds de l'Être suprême. Faisons le bien même à ceux qui nous font du mal. Si on nous lance des épines, soyons prêts à offrir des fleurs en échange. En cultivant cette attitude, nous connaîtrons la paix et l'harmonie.

9 août – **Rire de soi-même**

Rire des erreurs d'autrui, ce n'est pas vraiment rire. C'est en prenant conscience de nos propres erreurs qu'il faudrait pouvoir éclater de rire. Le rire devrait jaillir du tréfonds de nous-mêmes, un rire dans lequel nous oublions tout, sauf la vérité suprême. C'est cela le vrai rire, le rire de la béatitude. Mais en sommes-nous capables ? Il est facile de critiquer autrui et de se moquer, mais nous devons nous en abstenir. Mieux vaut prendre conscience de nos propres erreurs, de nos propres défauts et en rire. Cela nous permettra de progresser.

10 août – **Mettre notre savoir en pratique**

Il y a en nous de la sagesse mais nous sommes rarement capables de l'appliquer. Un médecin va faire une visite à domicile et on lui propose du Coca-cola ou un jus de noix de coco. Il choisit le Coca, sachant fort bien que c'est mauvais pour la santé, tandis que la noix de coco est ce qu'il y a de plus désaltérant. Mais le Coca est à la mode, alors il a laissé le jus ! De même, bien que nous ayons des connaissances, elles ne se reflètent pas dans nos actions. Il faut mettre notre savoir en pratique, sinon, il ne nous servira à rien.

11 août – Oser prendre un risque

Une personne qui réussit croit généralement que cela est dû à ses seuls efforts et elle s'attache à en convaincre les autres. En revanche, en cas d'échec, nous rejetons toujours la faute sur quelqu'un d'autre. On entend souvent : « Si seulement ils m'avaient écouté, nous aurions réussi ! » Notre attitude face à l'échec est erronée.

Si quelqu'un échoue, cela implique que la personne a essayé, qu'elle a osé prendre un risque. Seul celui qui essaie peut échouer. Toute action implique un risque, qu'il s'agisse de l'ascension d'une montagne, des premiers pas d'un enfant, d'aller pêcher dans l'océan, de passer un examen ou d'apprendre à conduire. Pour entreprendre quoi que ce soit, il faut avoir l'esprit d'aventure. Le succès et l'échec nous suivent comme notre ombre. Parfois, nous réussissons, parfois nous échouons. Il ne faut pas craindre l'échec. La peur de l'échec fait obstacle à une réussite future et nous paralyse. Voilà pourquoi nous devons encourager ceux qui rencontrent l'échec. Il faut les inciter à renouveler leur tentative et leur enseigner à ne pas avoir peur.

12 août – **Personne n'est en tort**

Concevez que le vrai problème n'est pas ce qui se passe, mais comment vous y réagissez. Vous comprendrez alors que l'erreur vient de vous. Personne n'est en tort. Chaque fois que nous voyons une faute chez quelqu'un, nous devrions immédiatement regarder en nous-mêmes.

13 août – **Un diamant est en vous**

Un diamant est en vous. Mais comme il est immergé dans l'huile de l'ignorance, il ne brille plus. Essayez de lui rendre son lustre. Regardez en vous. Comprenez qui vous êtes. Vous dépouillant de l'ego, éveillez la sagesse qui est en vous. Devenez conscient de votre essence. Vous n'êtes pas seulement un être humain de cinq ou six pieds de haut. Vous êtes le Principe infini, éternel et immuable. Acceptez cette vérité et vivez en elle. Ne soyez pas comme le rat qui s'enfuit par peur du chat. Soyez comme le lion, le roi des animaux.

14 août – Grâce et bénédiction

Les spécialistes peuvent vous aider à résoudre les nombreux problèmes que vous affrontez dans votre vie professionnelle. Il n'y a aucun doute à ce sujet. Mais seul le pouvoir divin peut faire en sorte qu'une action aboutisse. Pour qu'un évènement se produise, la grâce est nécessaire. L'effort humain, décidé par l'intellect, ne peut nous emmener qu'à un certain niveau, qu'il ne peut dépasser. Au-delà de cette limite s'étend le royaume de la grâce divine. Nos actions ne porteront leurs fruits que si nous parvenons à nous relier à ce royaume qui transcende les possibilités humaines. La meilleure façon d'être en contact avec cette énergie est de rechercher les conseils et la bénédiction d'un maître spirituel authentique. Une grande âme est la source même de ce royaume d'une autre dimension. Il ou elle est une source inépuisable de puissance, l'incarnation même de la grâce et du pouvoir divins. Les spécialistes peuvent aider mais ils ne peuvent accorder leur bénédiction et leur grâce. Même les conseils d'un expert ne produiront pas forcément le résultat souhaité, mais les paroles et les bénédictions d'un maître spirituel authentique ne restent jamais vaines.

15 août – Percevoir l'unité

Vous décidez d'écrire une lettre à votre ami. En prenant le papier et le stylo, vous êtes conscient :

« Je vais écrire un mot à untel. » Même si le papier et le stylo sont des objets différents, à travers eux vous percevez une unité : votre ami. De la même manière vous devez percevoir Dieu dans chaque action accomplie comme une offrande à Dieu. De cette façon, au travers des actions diverses et des différents objets, vous percevez l'unité.

16 août – La vie et l'amour comme un tout

Un sage voit la vie et l'amour partout, au-dessus, au-dessous, devant, derrière, dans toutes les directions. Même en enfer, même dans le monde inférieur, il ne perçoit que vie et amour. Pour lui n'existent que la vie et l'amour resplendissant de toutes parts avec gloire et éclat. Par conséquent, Amma dit qu'il est « un réel scientifique ». Il fait ses expériences dans le laboratoire intérieur de son propre être. Il n'est jamais une cause de division dans la vie. Pour lui la vie est un seul tout. Il demeure en permanence dans cet état non divisé d'amour et de vie.

17 août – Accompagner les énergies de la lune

La science a reconnu que la croissance et la décroissance de la lune affectent le psychisme humain. Les jours de pleine lune et de nouvelle lune, les perturbations mentales sont aggravées, la colère, les émotions et les pensées sont exacerbées. Si durant ces périodes, par le recours à la prière et à d'autres moyens, le mental est contrôlé et maintenu concentré, et si la prise d'aliments est limitée aux seuls fruits, alors l'agitation du mental est réduite. La durée de vie et la santé en seront améliorées. Quand une société entière pratique les austérités, des vibrations positives se répandent aussi dans la Nature.

18 août – Choisir de s'exprimer avec soin

Un groupe de voyageurs égarés arrive dans un endroit inconnu. Ils croisent un homme sur la route et lui demandent leur chemin en l'interpellant d'une façon grossière : « Hé, dis donc, toi, quel est le chemin qui mène à tel endroit ? » Comme leur ton est arrogant, l'homme décide de donner une leçon à ces orgueilleux. Il leur indique un itinéraire qui les fait tourner en rond.

Si les voyageurs avaient maîtrisé leur arrogance et demandé poliment leur route, il aurait fait de son mieux pour les aider. Même s'il ignorait le chemin, il les aurait emmenés chez une personne capable de les guider. Notre façon d'être envers les autres et les mots que nous utilisons déterminent leur attitude envers nous. Si nous nous exprimons avec amour et humilité, nous obtenons une réponse appropriée.

C'est pourquoi, dit-on, chacune de nos paroles doit être choisie avec soin.

19 août – JOURNÉE HUMANITAIRE MONDIALE

Ceux qui ont les moyens, mais ne veulent pas aider ceux qui sont dans le besoin, font le plus grand mal à la société. Ils trahissent aussi leur âme.

20 août – Briser l'attachement

Lorsque nous offrons quelque chose à quoi nous sommes attachés, cela revient à briser cet attachement. Le don suprême consiste à sacrifier notre ego par amour pour Dieu. C'est tout le secret de la sagesse suprême. Il s'agit de renoncer au sentiment du « moi » et du « mien » et de considérer toute chose comme la vérité unique, comme Dieu. Il nous faut comprendre que rien n'est séparé de nous. C'est en offrant notre ego au feu sacrificiel que nous trouvons la plénitude.

21 août – Se retirer dans la solitude

Supposez que vous plongiez un seau dans un puits pour en tirer de l'eau, mais que ce seau soit plein de trous. Vous peinez pour le remonter, mais quand il arrive en haut, il est vide. Toute l'eau s'est échappée par les trous. Mes enfants, c'est à cela que ressemble votre pratique. Votre mental est pris dans les rets de la colère et du désir. Tout ce que vous avez obtenu par de grands efforts s'échappe donc. Bien que vous fassiez des pratiques spirituelles, vous n'en goûtez pas les bienfaits. Retirez-vous souvent dans la solitude, calmez votre mental. Évitez les situations qui éveillent chez vous la colère ou le désir. La Source de tout pouvoir ne manquera pas de se révéler à vous.

22 août – Journée internationale commémorant les victimes d'actes de violence basés sur la religion ou la conviction

Il n'est pas mauvais de croire que notre foi est juste. Nous devrions néanmoins accorder aux autres la même liberté que celle que nous revendiquons pour nous-mêmes. Car, lorsque nous imposons nos croyances religieuses aux autres, les religions, pourtant nées de l'amour, deviennent des causes d'effusion de sang. Ne laissons pas les religions, conçues comme des chants de paix, engendrer la discorde et la violence.

23 août – Un univers varié, mais une seule vérité

Nous aimons certaines choses, nous en haïssons d'autres, et c'est ainsi que notre vie devient une succession de bonheurs et de malheurs. Mais lorsque nous nous éveillons à notre nature réelle, le « moi » et le « toi » cessent d'exister. Il ne reste que Dieu seul. Le rêve n'est pas séparé du rêveur. Mais, pour comprendre que ce que nous avons vu était un rêve, il faut se réveiller. Certes, Dieu est tout, tout est Dieu, mais nous percevons des objets et des entités différents parce que nous ne sommes pas éveillés, nous n'avons pas encore accès à ce niveau de conscience. Avec de l'argile, on peut modeler un âne, un cheval, une souris ou un lion. Les formes et les noms diffèrent mais, en essence, il s'agit pourtant d'argile. Il faut être capable de voir l'argile dans cette diversité de noms et de formes. De même, il s'agit de changer notre vision qui perçoit la pluralité des noms et des formes multiples qui existent dans l'univers.

En fait, l'unique réalité, l'unique vérité, est devenue cet univers varié. Donc, tout est Dieu. Il n'existe rien qui ne soit pas divin.

24 août – **Jardinons !**

Dans de nombreux pays, la pratique du jardinage est en déclin. Même si nous n'avons qu'un petit bout de terrain, nous devrions tous essayer d'y faire pousser quelques légumes. N'utilisons que des engrais naturels. Passons un peu de temps avec nos plantes, parlons-leur et embrassons-les. La relation que nous développons avec les plantes nous donnera un regain de vitalité.

25 août – Garder le souvenir constant de Dieu

Un aspirant spirituel doit prêter la même attention à toute action, quelle qu'elle soit. Ne parlons pas en travaillant, afin de ne pas perdre notre concentration. Toute action accomplie sans concentration est inutile. N'oubliez pas de dire votre mantra en faisant votre travail. S'il s'agit d'un travail qui ne nous permet pas de le faire, priez avant de commencer à travailler : « Ô Dieu, c'est Ton travail que je fais. Donne-moi je T'en prie la force et la capacité de le faire. C'est grâce à Ta puissance que je peux travailler. » Celui qui parvient à garder le souvenir constant de Dieu, quelle que soit la tâche qu'il effectue, est un chercheur spirituel authentique. Dans la moindre tâche qu'il accomplit, il voit Dieu. Son esprit n'est pas fixé sur le travail, mais sur Dieu. Au départ, la vigilance extérieure est indispensable. Car sans vigilance dans notre comportement extérieur, il nous sera impossible de maîtriser notre nature intérieure.

26 août – Réparation

Le fruit de n'importe quelle action peut être racheté par une autre action.

27 août – Servir ceux qui souffrent

Nous oublions cette vérité : notre devoir est de servir ceux qui se débattent au milieu des difficultés. Certes, nous allons au temple, nous y faisons des rituels d'adoration ; mais à la sortie du temple, nous ignorons les malades et les sans-travail qui tendent la main pour avoir un peu de nourriture ou même nous les chassons en criant. La véritable adoration de Dieu, c'est la compassion que nous manifestons envers ceux qui souffrent.

28 août – Révéler la dimension essentielle de notre être

La spiritualité n'est pas une activité secondaire de la vie. Elle est une dimension essentielle de notre être. Les rites et les rituels permettent sa manifestation au niveau conscient. Ces pratiques religieuses doivent devenir une manière de vivre et notre discipline quotidienne, comme se brosser les dents et prendre sa douche, sans quoi nous vivons comme des robots.

29 août – Une vie d'amour et de pardon

Supposons que quelqu'un se mette en colère contre nous ou agisse de manière hostile. Si nous réagissons avec colère ou si nous le punissons, c'est comme si nous mettions le doigt sur une plaie qu'il aurait à la main pour l'agrandir, au lieu d'y appliquer un remède pour qu'elle guérisse. Le pus de la blessure retombera sur nous et nous sentirons mauvais. Son ego en sera renforcé et notre ignorance s'approfondira. Par contre, si nous lui pardonnons, c'est comme si nous soignions sa plaie et notre conscience s'élève, notre cœur s'ouvre alors. Donc, mes enfants, menez une vie d'amour et de pardon. Cela peut vous paraître très difficile, mais si vous essayez, vous y parviendrez certainement.

30 août – **Valeurs morales**

Si nous cessons de donner aux valeurs morales la place qu'elles méritent, notre vie pourrira comme un morceau de bois infesté par les termites. Nous n'aurons pas le courage de faire face aux problèmes de la vie. Voilà pourquoi les anciens sages de l'Inde attachaient la plus haute importance à la conscience de ce que l'on doit et ne doit pas faire. Cette conscience est vitale pour assurer un caractère bénéfique à toutes nos transactions sociales, tant pour les autres que pour nous.

31 août – **Un amour pur de toute attente**

Chaque fois que nous nous identifions à une situation, notre souffrance augmente. En revanche, quand nous considérons la situation du point de vue d'un témoin, notre force intérieure grandit. Nous lisons dans le journal qu'il y a eu un accident d'avion. Si nos enfants ou des personnes de notre famille se trouvaient dans l'avion, nous voilà paralysés par le chagrin et incapables de lire la ligne suivante. Si, en revanche, nous avons la certitude qu'aucun des êtres que nous aimons n'était dans cet avion, nous finissons l'article d'un œil distrait avant de passer au suivant.

Les relations humaines nous font parfois souffrir. Si l'amour de l'un diminue, l'autre risque de se mettre en colère. La cause, c'est que ce type de relation est fondé sur des espoirs et des souhaits, sur des attentes et des désirs. Mais quand nous pleurons pour Dieu, c'est complètement différent parce que nous n'attendons rien en échange de notre amour. Et pourtant, dans cet amour pur de toute attente, tout nous est donné. La vraie prière, c'est de demander : « Seigneur, donne-nous tes qualités et la force de servir de manière désintéressée. »

SEPTEMBRE

1er septembre – Respecter le vivant

Les humains doivent comprendre qu'ils ne sont pas la seule espèce à avoir le droit de vivre. Tant d'espèces ont déjà disparu ! Il ne suffit pas de se montrer bon et compatissant envers les êtres humains, il est nécessaire de manifester ces vertus envers tous les êtres vivants.

Nous ne réussirons pas à échapper à la maladie en détruisant les moustiques, les poules et les vaches malades. Notre priorité devrait être de restaurer l'harmonie de la nature.

2 septembre – Faire l'expérience directe de la réalité

Tout ce que nous voyons est une projection du mental. Imaginez que vous fassiez un rêve et que, dans ce rêve, vous vous battiez avec une autre personne dans la rue. Comme cela se passe pendant la journée, les gens s'attroupent sur les trottoirs pour regarder. Certains encouragent la lutte, d'autres la critiquent et certains essaient d'y mettre fin. Votre adversaire est plus fort que vous et vous recevez beaucoup de coups. Finalement la police arrive et vous arrête tous les deux. Vous passez trois jours en prison. Quand vous sortez, vous êtes plein de honte. Vous êtes en colère, vous voulez vous venger. Vous êtes incapable de vous maîtriser. Juste à ce moment, vous vous réveillez. Vous prenez conscience que tout cela n'était qu'une création de votre mental : la lutte, la rue, votre ennemi, les policiers, la prison, les gens, la honte, la haine. De même, toutes nos expériences en ce monde, tout ce que nous voyons, ne constituent qu'un long rêve. Ce sont les tours de magie du mental. Lorsque nous nous éveillerons, accédant à l'état de réalisation du divin, nous ferons l'expérience directe de cette vérité.

3 septembre – Expérimenter la paix

Si nous voulons apporter la paix au monde extérieur, il faut que la paix règne dans notre monde intérieur. La paix n'est pas une décision intellectuelle. C'est une expérience.

4 septembre – Ai-je assez pleuré avec ceux qui souffrent ?

La compassion est le fondement de la paix. La compassion demeure en chacun de nous. Il est cependant difficile d'en faire l'expérience et de l'exprimer dans chacune de nos actions. Il faut pour cela se tourner vers l'intérieur et chercher profondément en nous-mêmes. « Mon cœur est-il vibrant de vie ? La source d'amour et de compassion est-elle toujours présente en moi ? Mon cœur se brise-t-il devant la douleur et le chagrin d'autrui ? Ai-je pleuré avec ceux qui souffrent ? Ai-je réellement essayé d'essuyer les larmes de quelqu'un, de le consoler ou de donner à quelqu'un au moins un repas ou des vêtements ? » C'est ainsi que nous pouvons honnêtement examiner notre conscience. La pleine lune de la compassion brillera alors spontanément dans notre cœur.

5 septembre – **Un conseil facile à mettre en pratique**

Une des causes majeures de la pollution dans les villes est l'augmentation du nombre de véhicules. Chaque famille possède déjà une ou plusieurs voitures. Si cinq personnes habitent le même quartier et travaillent aussi dans un même secteur, elles peuvent s'arranger pour voyager ensemble en se relayant. Ainsi, une seule voiture circulerait au lieu de cinq. Si un pays entier faisait cela, pour cent mille voitures, il n'y en aurait plus que vingt mille en circulation. Nous économiserions beaucoup d'essence et la pollution diminuerait radicalement. Nous savons tous que la quantité de pétrole disponible diminue. Les réserves mondiales dureraient ainsi plus longtemps, et ce qui est encore plus important, l'amour et la coopération entre les gens augmenteraient. Amma a le sentiment que ce conseil peut être mis en pratique par tous.

6 septembre – Le renard et le léopard

Un homme voit un jour un renard allongé au bord de la route, une patte cassée. Il a pitié de l'animal et se dit : « Qui va apporter à manger à ce renard blessé ? Mais où Dieu a-t-il donc la tête pour permettre des choses pareilles ! » Et il continue à accuser Dieu. Puis il se dit : « Bon, voyons si quelqu'un va venir le nourrir. » Il s'assied un peu plus loin. Peu après, un léopard arrive, portant dans la gueule un quartier de viande. Il en mange une partie et laisse le reste près du renard. « Mais le léopard apportera-t-il de nouveau à manger demain ? » se demande l'homme. Le lendemain, il revient et guette. Le léopard apporte encore de la viande au renard. Il le fait chaque jour. Et l'homme songe : « Ce léopard apporte de la nourriture au renard. Alors à partir de maintenant, je ne vais plus travailler. Il y aura bien quelqu'un pour m'apporter à manger, à moi aussi. » Il change d'endroit et il s'assied par terre. Un jour, puis deux passent. Rien ne vient. Le troisième jour, il est très faible. Il est sur le point de perdre la foi en Dieu quand il entend une voix : « Fils, ne sois pas comme le renard à la jambe cassée ! Prends modèle sur le léopard qui lui apporte à manger ! »

7 septembre – Le principe sans nom

« Je suis hindou », « je suis chrétien », « je suis musulman », « je suis ingénieur », « je suis docteur », dit-on. Le principe sans nom, sans forme, omniprésent, commun à tous dans ce « je » est le Soi, l'Absolu, Dieu. Nier l'existence de Dieu revient à nier sa propre existence. Dieu est présent en chacun de nous, en tous les êtres, en toute chose. Dieu est semblable à l'espace. Comme l'espace, il est partout. La création entière existe dans l'espace. Imaginons que nous construisions une maison. L'espace existe avant sa construction. Une fois terminée, la maison existe à l'intérieur de ce même espace. Après sa démolition, le même espace demeure. Dieu est comme l'espace. Il est immuable, dans le passé, le présent et le futur.

8 septembre – Réciprocité

Nous voulons que les autres nous apportent de la joie, il ne faut donc pas leur donner du chagrin.

9 septembre – Conserver l'énergie

Vous ne retirerez aucun véritable bienfait de vos pratiques si vous les accomplissez tout en nourrissant de la colère et de l'orgueil. C'est comme si vous mettiez d'un côté du sucre et de l'autre des fourmis : les fourmis mangeront tout le sucre. Et vous ne remarquerez même pas ce qui se passe ! Tout ce que vous obtenez grâce à la pratique, vous le perdez par la colère. Chaque fois que nous nous mettons en colère, notre énergie s'échappe par les yeux, le nez, la bouche, les oreilles et tous les pores de notre peau. Seul le contrôle du mental nous permettra de conserver l'énergie que nous accumulons par nos pratiques.

10 septembre – JOURNÉE MONDIALE DE LA PRÉVENTION DU SUICIDE

De nos jours, les gens ne connaissent ni la paix, ni le contentement. Ils se font construire de vrais palais et finissent par se suicider à l'intérieur ! Si palais, richesses, plaisirs physiques et alcool procuraient le bonheur, mourraient-ils ainsi de dépression ? Le vrai bonheur ne se trouve donc pas là. La paix et le contentement dépendent entièrement du mental.

Qu'est-ce que le mental ? D'où surgit-il ? Et quel est le but de la vie ? Comment sommes-nous censés vivre ? Nous ne faisons pas d'effort pour comprendre. Si nous en avions l'entendement et menions notre vie en accord avec les principes spirituels, nous ne chercherions plus nulle part la paix intérieure. Si nous désirons goûter la paix, découvrons sa véritable source et allons y puiser. Le monde extérieur ne nous apportera jamais aucun bonheur réel, aucune paix authentique.

11 septembre – **L'ami vertueux**

Si nous nous lions d'amitié avec quelqu'un qui a de grands défauts, cette personne exerce sur nous une mauvaise influence. Si par contre nous avons un ami vertueux, notre nature évolue dans le bon sens. Ainsi, ceux qui sont proches du maître spirituel deviennent des champs fertiles dans lesquels poussent les vertus divines.

12 septembre – **Exprimer son amour !**

Mes enfants, comme aucun de vous ne peut lire dans le cœur de son conjoint, il ne suffit pas de garder son amour caché à l'intérieur. Cet amour doit s'exprimer en paroles et en actes. Alors mettez-vous toujours à la portée de l'autre et aimez-vous d'un cœur ouvert. Comprenez vos sentiments mutuels.

13 septembre – **Un juste regard sur notre vie**

Bien souvent, nous cherchons à nous lier d'amitié avec ceux qui ont une position sociale plus élevée ou qui sont plus riches que nous. Nous n'en retirons que de la souffrance. Des milliers de gens autour de nous traversent des difficultés ou des peines plus grandes que les nôtres. Pourquoi ne pensons-nous pas à eux ? Si nous comparons notre existence à la leur, notre vie nous apparaîtra comme un paradis. Tandis que quand nous nous comparons à ceux qui sont plus riches, nous trouvons notre sort pitoyable, simplement parce que nous ne vivons pas dans le même luxe. Quand nous sommes malades, nous nous lamentons : « Oh, non ! Je suis terriblement malade ! » Mais il y a généralement autour de nous beaucoup de gens atteints de maladies bien plus graves. Si nous pensions à eux, nos problèmes ne sembleraient pas aussi sérieux. Libérons-nous du chagrin en faisant valoir ce point de vue à notre mental pour le réconforter. Sinon, notre vie ne sera que tristesse.

14 septembre – Vivre en accord avec les principes fondamentaux

Dès que l'on aborde le domaine de la spiritualité, la plupart des gens prennent peur. La vie spirituelle n'implique pas de ne rien posséder ni de renoncer à la vie de famille. Vous pouvez très bien faire fortune et être père ou mère de famille, mais votre vie doit se fonder sur la compréhension des principes spirituels. Acquérir des biens ou mener une vie de famille sans avoir conscience de ces principes revient à collectionner des peignes alors qu'on est chauve ! Nos richesses, nos proches, tout cela nous quittera un jour. Il ne faut donc leur accorder dans notre vie que la place qu'ils méritent.

15 septembre – Travail personnel

Développez l'habitude d'écrire dans votre journal chaque soir avant de vous coucher. Nous pouvons noter dans notre journal combien de temps nous avons consacré à notre pratique spirituelle. Notre journal devrait être tenu de façon à nous permettre de voir nos erreurs et de les corriger. Il ne devrait pas être simplement un registre des fautes des autres et de nos transactions journalières.

16 septembre – Journée internationale de la préservation de la couche d'ozone

Nous savons tous que la couche d'ozone se dégrade dans la stratosphère et qu'elle est trouée. Cette année, attachons-nous davantage à planter des arbres et à cultiver bio. Comme ce serait merveilleux que chaque foyer fasse du compost. Même en appartement, on peut récupérer les déchets alimentaires dans un bac à part pour les composter. On peut aussi faire pousser des légumes et des arbres dans des seaux, des bidons ou des pots.

17 septembre – Se comporter en jeune lion

On peut nous dire un nombre incalculable de fois que nous ne sommes pas le corps, le mental et l'intellect, que nous sommes l'incarnation de la béatitude, nous l'oublions quand nous sommes confrontés aux problèmes les plus triviaux. Une pratique constante est donc essentielle si nous voulons rester forts face aux difficultés. Il s'agit d'entraîner le mental à garder toujours conscience de ces vérités. Nous devons le former à éliminer tous les obstacles qui se dressent sur notre chemin, convaincus que nous ne sommes pas des moutons mais de jeunes lions ! Quelle que soit l'épreuve qui survient, abandonnons tout à Dieu et agissons sans peur. Il vaut beaucoup mieux tout déposer aux pieds de Dieu que gaspiller son temps et se ruiner la santé à se ronger de chagrin. Que l'on s'effondre, que l'on se lamente à haute voix, cela ne change rien aux circonstances. Pourquoi se laisser aller à la tristesse ? Quand on se blesse, au lieu de pleurer sans rien faire, mieux vaut appliquer un baume. C'est la même chose dans les moments de crise : il s'agit de trouver une solution sans se laisser ébranler.

18 septembre – Avoir du recul

Ne suivez pas les pensées. Si vous les suivez, seul votre corps sera présent ; votre mental sera ailleurs. Avez-vous déjà vu des voitures passer sur une route poussiéreuse ? Elles soulèvent d'immenses nuages qui les enveloppent complètement. Si vous en suivez une, vous serez submergé de poussière. Même en restant sur le bas-côté, vous en serez couvert. Donc, en voyant arriver une voiture, vous vous tenez à distance. C'est ainsi que vous devriez regarder vos pensées : avec du recul. Si nous nous en approchons, elles nous emportent avec elles sans que nous nous en apercevions. Mais si nous regardons de loin, nous voyons la poussière retomber et la paix revenir.

19 septembre – **Œuvrer**

Il ne suffit pas de prier. Il faut aussi faire de bonnes actions.

20 septembre – **Arroser les racines**

Mes enfants, fermez les yeux et trouvez le calme intérieur. Abandonnez toute pensée et concentrez-vous sur votre divinité bien-aimée. Ne pensez ni à votre maison, ni à votre travail, ni au bus que vous devez prendre pour rentrer. Ne pensez qu'à votre divinité bien-aimée. Faites silence et répétez le nom de Dieu. On peut verser quantité d'eau sur les branches d'un arbre, c'est inutile. En revanche, si on verse l'eau sur les racines, elle se répandra dans toutes les parties de l'arbre. Donc, concentrez-vous sur Dieu, car penser à autre chose est aussi inutile que verser de l'eau sur les branches d'un arbre.

21 septembre – Journée internationale de la paix

Prions et méditons ensemble. C'est là le meilleur moyen d'atteindre le rivage de la paix. Si nous méditons et prions en groupe, l'énergie de vie de nous tous coulera avec harmonie dans une seule direction. Cela créera des vibrations de paix et d'unité dans l'atmosphère. En de tels moments de recueillement, les vibrations de la prière se reflètent dans le mental de chacun, apportant la paix et la sérénité.

Om Shanti, Shanti, Shanti
Paix, paix, paix.

22 septembre – Ressentir joie et douleur d'autrui

Un petit garçon voit dans la vitrine d'un magasin une pancarte qui dit : « Chiots à vendre ! » Comme il désire très fort avoir un petit chien, il entre. Il demande le prix et on lui répond : entre cent et deux cents euros. « Je n'ai pas assez d'argent pour acheter un chiot, mais est-ce que je peux au moins les voir ? » demande-t-il. Le commerçant ne peut pas refuser. À son coup de sifflet, une portée de chiots arrive en courant de l'arrière-boutique avec leur mère. Le garçon les regarde avec intérêt. Quand il aperçoit le dernier chiot qui boite derrière les autres, il s'exclame : « Oh, regardez, qu'est-il arrivé à celui-là ? »

Le boutiquier lui dit : « Il est né avec une jambe paralysée. Le vétérinaire a dit qu'il ne guérirait pas. » Regardant avec pitié le chiot qui boitille, le garçon demande : « Est-ce que vous voulez bien me vendre celui-là ? Je ne peux pas vous le payer tout d'un coup. Je peux vous donner une partie de la somme maintenant, puis je vous paierai des mensualités. » Le commerçant est très surpris : « Mon enfant, pourquoi veux-tu justement celui-là ? Il ne pourra pas courir et jouer avec toi. Est-ce que tu ne préfères pas en prendre un autre ? » Mais le garçon insiste pour acheter le chiot infirme. « Alors tu n'as pas besoin de le payer, tu peux l'avoir gratuitement ! » dit le boutiquier. « Non, je veux l'acheter au même prix que les autres », réplique le garçon fermement. Quand le commerçant lui demande pourquoi il fait tant de cas d'un petit chiot boiteux, il met sa jambe sur la table, relève son pantalon et montre sa jambe artificielle. « Voyez, moi aussi il me manque une jambe ! Alors nos cœurs vont se comprendre ! Je compatirai à sa souffrance et lui à la mienne. »

Il n'est pourtant pas nécessaire de passer par les mêmes épreuves que l'autre pour comprendre sa souffrance. Nous pouvons ressentir la douleur d'autrui sans endurer les mêmes souffrances. Efforcez-vous de percevoir la douleur et le bonheur des autres comme les vôtres. Voilà l'attitude qu'il nous faut cultiver. C'est difficile, mais essayez, mes enfants.

23 septembre – **Illusion du monde matériel**

Si vous proposez à un enfant d'un côté des bonbons et de l'autre des pièces d'or, que choisira-t-il ? Les bonbons. Il ne sait pas qu'avec une pièce d'or, on peut en acheter des quantités énormes. Nous nous comportons comme cet enfant. Le monde matériel nous fascine au point que nous perdons le sens de la réalité.

24 septembre – **Cesser de vagabonder**

La méditation seule ne permet pas à tous de fixer le mental sur le principe suprême. Il leur faut alors pratiquer la répétition du mantra. Celui qui parvient à la concentration par la seule méditation n'a besoin de rien d'autre. Mais quand vous chantez un mantra, votre mental se concentre rapidement et ne vagabonde pas vers les objets extérieurs aussi facilement qu'à d'autres moments. C'est à la portée de tout le monde.

25 septembre – **Les larmes ouvrent le cœur**

Priez avec amour et dévotion. Votre cœur devrait fondre dans la prière. On considère parfois les larmes comme une faiblesse. L'éclat de la bougie augmente à mesure qu'elle fond. Les larmes sont un moyen facile d'ouvrir le cœur. Les larmes balaient les impuretés du mental et nous en tirons de la force. Pleurer pour des choses illusoires est en revanche une faiblesse qui nous vide de notre énergie. Pleurer par anxiété pour les choses que nous désirons obtenir demain est une faiblesse. Quand vient le moment d'agir, les pleurs nous ont vidés de notre force et nous tombons malades. Si par contre nous versons des larmes pour Dieu, nous y gagnons de l'enthousiasme, de l'énergie et la paix.

26 septembre – Voir la volonté de Dieu partout

Amma parle toujours de l'abandon à Dieu. Quoi que vous fassiez, efforcez-vous de le faire comme une offrande au Seigneur. Priez pour que vous puissiez voir partout la volonté de Dieu. Un tel abandon de soi devrait être le but de notre vie.

27 septembre – Anniversaire d'Amma

Mes chers enfants, ce qui réjouit vraiment Amma, c'est de voir que vous vous aimez les uns les autres et que vous faites preuve de compassion envers autrui. Amma est bien plus contente quand vous vous portez volontaires pour curer un égout que quand vous lui lavez les pieds et les vénérez[1]. Soyez prêt à servir le monde avec autant d'enthousiasme et de dévotion

1. Dans la tradition védique, vénérer les pieds du maître est un hommage rendu aux enseignements qui traversent les siècles et au maître spirituel qui les transmet et les actualise.

que vous en mettez à servir Amma. C'est quand vous vous efforcez d'alléger la souffrance dans le monde, en œuvrant de manière désintéressée, que vous adorez véritablement les pieds d'Amma. Amma serait réellement heureuse si ses enfants considéraient son anniversaire comme un jour où il faut essuyer les larmes de ceux qui souffrent.

28 septembre – **Inconditionnels**

En réalité, la religion est une contrainte créée par les humains. À la naissance, nous sommes dépourvus de tout conditionnement, de toute limitation concernant la religion ou la langue que nous parlons. Elles nous sont enseignées et, avec le temps, elles nous conditionnent. Ce conditionnement est nécessaire dans une certaine mesure, de même qu'une petite plante a besoin de la protection d'une clôture. Une fois que la petite plante est devenue un arbre, elle transcende la clôture. Ainsi, nous devons être capables de transcender notre conditionnement religieux pour devenir « inconditionnels ».

29 septembre – **Ouvrir le rideau**

Nous vivons aujourd'hui avec le sentiment du « moi » et du « mien ». Quand le rideau est tiré, il est impossible de voir le ciel. Ouvrez le rideau, et le ciel devient visible. De la même manière, si nous éliminons de notre mental le sens du « moi », nous pourrons voir la lumière qui est en nous. Mais cette destruction requiert humilité et dévouement.

30 septembre – Les prières aimées de Dieu

Réconfortez ceux qui souffrent et aidez les pauvres. Chasser les malheureux, leur crier dessus, n'est pas un signe de dévotion envers Dieu. Nous aurons beau prier, jamais notre prière ne portera ses fruits si, dans le même temps, nous faisons du mal aux autres ou les critiquons. Ayons quelques paroles de consolation envers ceux qui viennent à nous. Accueillons-les avec le sourire. Libérons-nous de toute arrogance et soyons humbles. Même si l'autre a fait une erreur, pardonnons-lui au maximum. Voilà différents aspects de la prière. De telles prières sont aimées de Dieu.

OCTOBRE

***1er octobre* – Journée internationale des personnes âgées**

Nous sommes toujours prêts à recevoir mais ne pensons jamais à donner aux autres. Nous avons grandi grâce à ce que nos parents nous ont donné. Nous avons une dette immense et imprescriptible envers eux.

***2 octobre* – Journée internationale de la non-violence – anniversaire du Mahatma Gandhi**

Ne blessez personne en pensées, en paroles ou en actions. Soyez plein de compassion pour tous les êtres. La non-violence est notre plus haut devoir.

***3 octobre* – Une vie sanctifiée**

Si nous faisons une place à Dieu dans notre vie, elle sera sanctifiée, ainsi que celle de notre entourage. Nous trouverons alors enfin la paix et le contentement.

Songez à une rivière d'eau pure et abondante. C'est nous qui en profitons. Nous l'utilisons pour nettoyer nos égouts et nos canaux boueux. Une mare stagnante et putride devient limpide si on la relie à une rivière. Dieu est comme une rivière cristalline. En entretenant une relation avec Dieu, notre cœur s'ouvre, accueille le monde entier. Ainsi, nous nous rapprochons du Soi et aidons les autres.

4 octobre – Journée mondiale du sourire

Tout ne se passe pas toujours comme nous le voulons. Il arrive que nous soyons confrontés à des obstacles et à des difficultés. La spiritualité nous apprend à garder le sourire. Une bonne compréhension et l'attitude juste nous aident à affronter les hauts et les bas de la vie. Le sourire qui fleurit sur nos lèvres est la signature de Dieu sur notre visage. Ne laissons pas la tristesse ou la colère l'effacer. Qu'en pleine conscience, mes enfants gardent ce sourire et la foi en Dieu.

5 octobre – La conscience universelle

L'univers est Un, non multiple. Ce n'est pas Dieu mais l'homme qui a fragmenté le monde. L'être humain, par ses pensées et ses actions, engendre le tumulte et la désintégration au sein de l'unité harmonieuse et naturelle du monde. Chaque atome est une brique dans l'édifice de l'univers, et est intrinsèquement lié à tous les autres. La planète où nous vivons n'est pas une entité isolée qui fonctionnerait séparément du reste de l'univers. Chaque élément fait partie de l'ensemble. Lorsqu'un acte louable et noble se produit quelque part dans le monde, ses vibrations s'impriment dans la conscience universelle, qui est Une. Et s'il s'agit d'un acte mauvais, ses vibrations négatives s'y reflètent également. L'intensité de la réflexion dépend du niveau des bonnes ou des mauvaises actions que nous accomplissons. Hélas, dans les temps actuels, le mal et l'égoïsme ont pris le dessus. En conséquence, les vibrations de cette grande famille qu'est le monde reflètent ces tendances négatives.

6 octobre – Silence quotidien

Observer deux heures de silence chaque jour est très bénéfique. Notre progrès spirituel sera grandement favorisé si nous sommes également capables de garder le silence un jour par semaine.

7 octobre – Aimer ceux qui nous critiquent

Il est facile d'aimer ceux qui chantent nos louanges, mais nous devrions aimer encore plus ceux qui mettent le doigt sur nos fautes et nos faiblesses. On pourrait affirmer que ce sont eux qui nous aiment vraiment. Quand nous voyons nos erreurs, nous pouvons les corriger et avancer. Considérons nos admirateurs comme des ennemis et nos critiques comme des amis. Mais gardons cette attitude secrète, sans rien en dire à personne.

8 octobre – Une seule paix

La paix naît quand le mental est calme et traversé par le moins de pensées possible. Moins il y a de pensées, plus la paix règne et inversement. La paix ou le bonheur sans cause extérieure, c'est cela le vrai bonheur, la vraie paix.

Paix et bonheur sont synonymes. Plus vous êtes ouvert, plus vous ressentez la paix et le bonheur et vice versa. Trouver la paix intérieure, voilà le vrai chemin vers la paix extérieure. Les efforts à l'intérieur et à l'extérieur doivent aller de pair. Il n'y a aucune différence entre la paix spirituelle et la paix profane. De même qu'il n'existe qu'un seul amour, il n'y a qu'une seule paix.

9 octobre – Gagner en énergie

Les pensées spirituelles nous permettent de gagner de la puissance et de développer un mental fort. Quand nous pensons à Dieu, elles s'éveillent en nous et notre mental s'ouvre. Mais quand nous pensons à des choses matérielles, le mental est plongé dans le matériel et passe d'un objet à l'autre. Nos sens sont sollicités par le vagabondage du mental ; de mauvais penchants se développent en nous et notre mental se contracte. Et quand nous n'obtenons pas ce que nous désirons, nous nous affaiblissons davantage encore et nous mettons en colère, perdant notre force intérieure.

Chaque fois que nous utilisons un briquet, il perd un peu de son carburant. De même, chaque fois que nous parlons de ce qui renforce nos désirs profanes, notre mental s'affaiblit et notre énergie se dissipe. En revanche, si nous parlons de choses spirituelles ou bien y réfléchissons, c'est comme si nous chargions une pile. Donc, dans un cas nous gagnons de l'énergie, alors que dans l'autre, nous en perdons.

10 octobre – **Notre dette envers les sages**

Les Écritures nous enseignent comment mener une vie joyeuse et équilibrée dans le monde. Elles contiennent les principes d'une vie juste tels qu'ils ont été exposés par les sages parvenus à l'extinction des désirs. Nous avons une dette incommensurable envers eux, celle de la transmission de cette connaissance. Lorsque nous étudions les textes sacrés, mettons leurs enseignements en pratique et transmettons la sagesse que nous en avons retirée, nous paierons ainsi notre dette aux sages. Le plus important n'est pas l'étude des Écritures, mais la mise en pratique de leurs principes élevés dans la vie de tous les jours. L'étude sans mise en pratique est un effort aussi stérile que la tentative de nous rassasier avec les pages d'un livre de cuisine.

11 octobre – **Le rire du détachement suprême**

Il était une fois une grande âme dont le seul travail était de rouler de gros rochers au sommet d'une montagne. Jusqu'à sa mort, ce fut le seul travail qu'il fit, sans jamais se plaindre, sans jamais le trouver ennuyeux. Il lui fallait parfois des heures, voire des jours, avant de parvenir, tout seul, à monter un rocher jusqu'au sommet de la montagne. Et une fois qu'il avait réussi, il le faisait descendre en roulant jusqu'en bas. Regardant le rocher dévaler du sommet jusqu'au pied de la montagne, le grand sage applaudissait et éclatait de rire comme un petit enfant.

Dans n'importe quel domaine, il faut beaucoup de courage et d'énergie pour progresser mais il suffit d'un instant pour anéantir tout ce que nous avons acquis grâce à un dur labeur. Ceci est également vrai des vertus que nous pouvons cultiver. En outre, cette grande âme n'était absolument pas attachée à l'effort réel qu'il lui fallait fournir pour monter le rocher jusqu'au sommet de la montagne. C'est pourquoi il pouvait rire comme un enfant : le rire du détachement suprême. Voilà sans doute la leçon qu'il souhaitait enseigner à tous.

12 octobre – **Corriger sa vision intérieure**

Un aveugle de naissance, que sait-il de la lumière ? Rien. Le pauvre homme ne connaît que les ténèbres, un monde entièrement différent de celui dans lequel vivent ceux qui ont reçu la bénédiction du sens de la vue.

Un médecin lui dit : « Écoutez, votre cécité est guérissable si vous acceptez de subir une opération. » Si l'aveugle opte pour une opération, comme le docteur le lui conseille, les ténèbres disparaîtront et la lumière surgira, n'est-ce pas ? Maintenant, d'où vient cette lumière, vient-elle de l'extérieur ? Non, à l'intérieur de l'homme, un sujet à la vision intacte attendait depuis toujours. Ainsi, quand vous corrigez votre vision intérieure grâce aux pratiques spirituelles, la lumière de la pure connaissance, qui se trouvait déjà là, en vous, illumine votre être intérieur.

13 octobre – **Modestie et humilité**

Une graine doit être enterrée dans le sol pour que sa nature réelle se manifeste sous forme de plante. Nous ne pouvons grandir que grâce à la modestie et à l'humilité. La fierté et l'orgueil nous détruisent. Vivons avec la ferme conviction : « Je suis le serviteur de tous. »

14 octobre – **Devenir un individu conscient**

Voilà à quoi ressemble la vie de ceux qui sont dénués de compréhension spirituelle. Ils songent : « Je touche au but, je touche au but… » mais en réalité, leur vie n'avance pas. Ils finissent par s'effondrer, épuisés. Nos pensées sont actuellement dirigées vers d'innombrables objets extérieurs. Il s'agit de les réorienter et de découvrir la force infinie qui repose en nous. En vérité, il ne suffit pas d'être juste un individu ; il faut être un individu conscient. Tel est le but de la spiritualité.

15 octobre – **Prendre garde à l'autre**

Un homme se rend dans un quartier riche pour trouver du travail. « Je suis pauvre, sans emploi. S'il vous plaît, donnez-moi du travail ! » implore-t-il. Mais les gens le chassent. Le pauvre homme se rend dans une autre localité, et là aussi, les habitants lui ordonnent de partir en criant. Si cette expérience se reproduit dix fois, cet homme n'aura peut-être plus envie de vivre. Il sera tenté de se suicider. Mais si quelqu'un lui répond gentiment : « Soyez patient. Si jamais j'ai quelque chose à vous proposer, je vous appellerai, c'est promis ! » cela peut lui sauver la vie. Assurons-nous donc que chacune de nos pensées et de nos paroles exprime l'amour et la compassion. Alors la grâce de Dieu se répandra automatiquement sur nous. « Oh, Seigneur, fais que je ne fasse de mal à personne, ni en pensées, ni en paroles, ni même par mes regards ! » Cette prière, venue du cœur, c'est l'essence de la dévotion, la vraie connaissance, notre véritable devoir envers Dieu.

16 octobre – **Près du maître spirituel**

Si vous creusez un puits en haut d'une montagne, vous ne trouverez peut-être pas d'eau, même à une grande profondeur. Mais près d'une rivière, il suffit de creuser un petit trou pour que l'eau jaillisse aussitôt. De même, si vous êtes auprès d'un vrai maître, vos vertus brilleront rapidement et vos pratiques spirituelles porteront bientôt leurs fruits. Pour le moment, vous êtes l'esclave de vos sens, mais si vous vivez en accord avec la volonté du maître spirituel, les sens deviendront vos esclaves.

17 octobre – **Journée internationale pour l'élimination de la pauvreté**

Songez aux sommes d'argent que nous gaspillons ! Mes enfants, faites tout votre possible pour réduire vos dépenses inutiles. L'argent que vous économisez ainsi peut secourir les pauvres. Il y a des enfants très intelligents qui sont obligés d'arrêter leurs études parce qu'ils n'ont pas d'argent pour payer leurs frais de scolarité. Vous pouvez les soutenir en les leur finançant. Vous pouvez aider les sans-abri. Et beaucoup de malades souffrent parce qu'ils ne peuvent pas acheter les médicaments dont ils ont besoin. Vous pouvez les leur offrir. Il y a bien des manières d'aider les autres. L'argent que nous gaspillons suffirait à les secourir. Servir les indigents, c'est vraiment honorer le Seigneur.

18 octobre – **Une vie de complète non-violence**

Lorsque la Nature protège et sert avec bienveillance les êtres humains, c'est indubitablement leur responsabilité de la protéger et de la servir également en retour. La science moderne dit que les plantes et les arbres peuvent aussi répondre de façon imperceptible aux gestes et aux pensées des êtres humains. Elle a découvert que les plantes tremblent de peur quand nous nous approchons d'elles avec l'intention d'en cueillir quelques feuilles. Or il y a des siècles, les saints et les sages de l'Inde avaient compris cette grande vérité et vivaient une vie de complète non-violence.

19 octobre – Ne pas tomber dans les courants

Si vous désirez savourer la beauté d'une rivière au flot rapide, admirer non seulement ses eaux mais aussi les poissons ainsi que les autres créatures et objets qui composent cette rivière, mieux vaut rester sur la berge pour tout regarder. Si vous sautez dans l'eau, le courant pourrait bien vous emporter et vous pourriez même vous noyer sans pouvoir savourer la beauté de la rivière. Vivez ainsi, comme un témoin, sans vous laisser emporter par le flot du mental. Apprenez à vous en détacher.

20 octobre – Chasser la désinvolture

Ne vivre que pour le bonheur présent engendre le malheur futur. Si vous crachez en l'air tout en restant allongé sur le dos parce que vous êtes trop paresseux pour vous lever, c'est sur votre propre corps que le crachat retombera. De même, chaque action entraîne une réaction correspondante de la part de la nature. Cela ne fait aucun doute.

21 octobre – Merci !

Nous réclamons sans cesse : « Donne-moi ceci ! Donne-moi cela ! » Mais nous n'avons pas appris à dire : « Merci ! » Apprenons à exprimer notre gratitude en toutes circonstances.

Au lieu de songer à ce que nous pouvons obtenir des autres, pensons à ce que nous pouvons faire pour eux, cultivons cette attitude intérieure.

22 octobre – Suivre la lumière pas à pas

Vous vous demandez peut-être : « À quoi cela sert-il qu'une personne lutte seule dans la société, dans un monde si rempli de ténèbres ? » Chacun de nous a une bougie, la bougie de l'esprit. Allumez cette bougie avec la flamme de la foi. Ne vous inquiétez pas de savoir comment vous pourrez bien parcourir une si longue distance avec une si petite lumière. Faites un pas à la fois. Vous découvrirez qu'il y a assez de lumière pour vous éclairer à chaque pas le long du chemin.

23 octobre – Rien ne nous appartient

La notion du « mien » est la cause de notre servitude. Nous devrions considérer la vie de famille comme une occasion de nous en libérer. Vous dites « ma femme, mon mari, mes enfants, mes parents, etc. » mais vous appartiennent-ils réellement ? S'ils étaient vraiment vôtres, ils seraient avec vous pour toujours. Nous ne pouvons nous éveiller spirituellement que si nous vivons en ayant conscience de cette vérité. Cela ne signifie pas que nous devons abandonner nos responsabilités. Faites joyeusement le nécessaire, considérant que c'est votre devoir. Mais soyons attentifs à ne pas nous y attacher.

24 octobre – Se recharger à la source

Ne gâchez pas votre vie en étant esclave du mental ! Ne troquez pas un joyau sans prix pour un bonbon. Le mental se calmera si nous arrêtons d'accorder autant d'importance aux plaisirs des sens.

Ne vous inquiétez pas si vous n'avez pas la force de le faire tout de suite. Allez vous asseoir seul chaque jour pour méditer un moment là-dessus, en adoptant l'attitude d'un témoin. Que cela devienne une habitude régulière. Vous développerez certainement la force dont vous avez besoin. Trouvez la force nécessaire. Vous pourrez alors affronter n'importe quel défi, sans vaciller. Ne pleurez pas en pensant que vous êtes indigne. Cela ne fera que vous affaiblir.

25 octobre – Vivre large !

Vivre uniquement pour soi-même, ce n'est pas la vie, mais la mort.

26 octobre – Se transformer pour le bien de tous

Les problèmes actuels sont un grave sujet de préoccupation. Il est essentiel que nous cherchions les causes de ces problèmes et que nous nous en occupions. Mais le changement doit commencer chez l'individu. Quand un individu est transformé, toute sa famille en bénéficie et la société prospère. Essayons donc tout d'abord nous-mêmes de faire le bien. Lorsque nous nous améliorons, cela influence tous ceux qui sont autour de nous ; il se produira aussi des changements en eux. C'est à nous de montrer l'exemple.

27 octobre – **Diète végétarienne**

Amma ne demande pas à ceux qui mangent de la viande et du poisson de cesser immédiatement de le faire. Mais il est recommandé de se convertir peu à peu à une diète entièrement végétarienne. Mettre fin à une habitude, quelle qu'elle soit, est extrêmement difficile. Étudiez votre mental et avec le temps, devenez-en le maître.

28 octobre – **Apprécier chaque instant**

Imaginez quelqu'un en train de consommer une glace. En mangeant, il songe : « Dans le restaurant où je suis allé hier, la nourriture n'était pas protégée. Un cafard ou un lézard serait-il tombé dedans ? La migraine dont j'ai souffert ce matin venait-elle de ces aliments ? Aujourd'hui, mon fils m'a encore demandé des vêtements neufs. Comment pourrais-je lui acheter quoi que ce soit ? Je n'ai pas d'argent. Il y a longtemps que je rêve d'une plus belle maison, mais je ne gagne pas assez. Si je trouvais un meilleur emploi, les choses iraient mieux ! » À ce moment-là, la glace est finie. Plongé dans ses pensées, notre homme n'en a pas même savouré une cuillerée. Le passé le troublait et il s'inquiétait du futur ; il a donc perdu l'occasion de passer un agréable moment dans le présent. S'il avait oublié le passé et l'avenir, il aurait au moins pu déguster sa glace. Sachez donc vivre en appréciant chaque instant. Abandonnez tout à Dieu, ou accueillez toutes les situations avec le sourire. Oubliez le passé et le futur, occupez-vous de ce qui arrive dans le présent et soyez vigilant.

29 octobre – Un monde pur de tout égoïsme

Nul n'aime autrui plus que lui-même. L'amour de tout être humain repose sur la quête égoïste de son propre bonheur. Si notre ami ne nous apporte pas le bonheur que nous attendons, il devient notre ennemi. C'est ce que l'on peut observer dans le monde. Dieu seul nous aime sans égoïsme. Et c'est en l'aimant que nous parvenons à aimer et à servir nos semblables de manière désintéressée. Seul le monde de Dieu est pur de tout égoïsme. Tournons donc notre amour et notre attachement vers lui seul. Nous ne serons alors pas désespérés si quelqu'un nous abandonne ou nous fait du tort. Accrochez-vous à Dieu. Vous n'avez besoin de rien d'autre. Cela ne signifie pas que vous ne devez pas aimer les autres. Voyez Dieu en chacun et aimez-le en tous.

30 octobre – Journée mondiale de la vie

Le premier pas à faire pour développer de la compassion, c'est de traiter avec amour et respect tous les objets que nous considérons comme inanimés, les pierres, le sable, les rochers et le bois. Si nous sommes capables d'éprouver envers eux de l'amour et de la sympathie, alors il nous sera facile d'en ressentir pour les arbres, les plantes grimpantes, les oiseaux, les animaux, toute la vie dans les océans, les rivières, les montagnes et l'ensemble de la nature. Si nous parvenons à cet état, alors nous aurons automatiquement de la compassion envers l'ensemble de l'humanité. Ne devrions-nous pas remercier la chaise et les rochers, qui nous donnent une place pour nous asseoir et nous reposer ? Exprimer notre gratitude envers la Terre qui, avec patience, nous donne son giron pour courir, sauter et jouer ? Être reconnaissants aux oiseaux qui chantent, aux fleurs qui s'épanouissent, aux arbres qui procurent de l'ombre et aux rivières qui coulent, tout cela pour nous ?

Chaque matin à l'aube, nous assistons à un nouveau lever de soleil. La nuit, quand nous oublions tout et que nous dormons, il pourrait nous arriver n'importe quoi, même la mort. Remercions-nous le Pouvoir suprême qui nous a bénis et fait en sorte que nous nous réveillions le matin et fonctionnions comme auparavant, avec un corps et un mental intacts ? Si nous considérons les choses de cette façon, ne devrions-nous pas être reconnaissants envers tout et tous ?

NOVEMBRE

1er novembre – **Compassion et humilité**

La pratique ne consiste pas uniquement à prier. La véritable prière, c'est aussi l'humilité et la compassion envers autrui, c'est offrir un sourire, un mot gentil. Nous devons apprendre à pardonner les fautes de nos semblables et à développer une profonde compassion envers eux, comme une main frotte automatiquement l'autre si elle est blessée. Si nous développons l'amour, la bienveillance, la tolérance, nous pouvons soulager la souffrance de nombreuses personnes.

2 novembre – **L'art de l'écoute**

Il y a quatre façons de communiquer avec efficacité les uns avec les autres : la lecture, l'écriture, la parole, l'écoute. On a reçu un bon entraînement dès l'enfance pour lire, écrire et parler, mais notre capacité à écouter n'est pas si bien éduquée que les trois autres. C'est pourquoi la plupart des gens ne savent pas écouter.

Dieu nous a donné deux oreilles et une seule bouche. Nous devrions donc deux fois plus écouter que parler, mais c'est généralement l'inverse : nous parlons beaucoup sans écouter correctement. Il nous faut développer l'art de l'écoute. Si nous savons écouter, nous en retirerons beaucoup dans notre vie, et nous pourrons plus facilement donner du bonheur aux autres. Cet art nous aidera à agir de façon appropriée en toute situation et nous permettra d'éviter de nombreux problèmes.

3 novembre – Journée mondiale de la gentillesse

Même si nous n'avons matériellement rien à donner, nous pouvons certainement offrir un sourire ou une parole aimable. Cela ne coûte pas grand-chose, n'est-ce pas ? Un cœur bon suffit, c'est le premier pas sur le chemin spirituel. Celui qui agit ainsi n'a pas besoin de chercher Dieu. Dieu accourt vers le cœur rempli de compassion. Un tel cœur est sa demeure préférée.

4 novembre – Prier en tout temps

De nos jours, les gens ne prient Dieu que dans les moments de détresse. Si vous priez dans le bonheur comme dans la peine, vous ne connaîtrez plus la souffrance. Même si elle vient à vous, vous ne l'éprouverez pas comme telle. Dieu veillera sur vous. Si vous pouvez prier d'un cœur ouvert, alors vous êtes sauvé.

5 novembre – **Prendre un raccourci vers le but ultime**

Amma vous conseille de prendre refuge en votre divinité d'élection tout au long de votre vie. Libérez le mental de son attachement à la richesse, à la famille, aux amis, à la renommée, à votre position sociale, etc., et ne l'attachez qu'à Dieu. Vos attachements actuels envers toutes ces choses, tournez-les vers Dieu.

En répétant le mantra de votre divinité d'élection, vous pouvez réduire le nombre des pensées, le faire passer de cent à dix. À mesure que vous répétez ce mantra, le mental va se calmer et devenir transparent comme du cristal.

Comme le soleil se reflète à la surface d'un lac tranquille, lorsque le mental est parfaitement calme, vous pouvez y voir clairement la forme de l'Être suprême. Ce n'est pas la voie de la faiblesse. C'est un raccourci vers le but ultime.

6 novembre – **Le bonheur véritable**

Quand on mange des oranges, la septième orange ne nous procure pas le même plaisir que la première.

On finit par prendre en aversion une expérience qui se répète constamment. Ainsi, on découvre que le véritable bonheur ne se trouve dans aucun objet et on se met à en chercher la source.

7 novembre – Dépendances cachées

Chacun de nous ressemble à un oiseau enfermé dans une cage dorée, le bout des ailes coupé ; chacun est emprisonné dans la cage de son mental. Nous sommes ligotés par les chaînes de la réputation, de la gloire, du statut social et de la fortune, des chaînes recouvertes de fleurs magnifiques. La question ici n'est pas celle de la liberté, mais bien de savoir comment briser nos liens. Pour y parvenir, il faut d'abord voir les chaînes cachées sous les fleurs et les décorations superficielles. Si nous examinons les choses de plus près, nous découvrirons ces liens sous les fleurs qui les dissimulent. Il s'agit de percevoir notre prison comme une prison et non comme notre foyer. Quand nous en serons capables, notre esprit s'élancera avec ardeur vers la liberté. C'est la seule manière d'atteindre notre but.

8 novembre – La force de résister

Amma a entendu parler d'un certain arbre – l'arbre Tabonuco des îles Caraïbes – dont les racines s'entrelacent et se greffent les unes sur les autres. C'est grâce à ce lien mutuel que ces arbres peuvent résister aux cyclones sans être déracinés. En vivant harmonieusement avec la Nature, dans l'amour et l'unité, nous aurons la force de résister à n'importe quelle crise.

9 novembre – S'abstenir de sentiments négatifs

Il n'est pas nécessaire d'aller au-devant de chacun et de lui montrer votre amour ; il suffit de ne nourrir aucun sentiment négatif, aucun, quel qu'il soit. L'amour vrai est l'absence de sentiments négatifs envers qui que ce soit. En les éliminant, vous permettez à l'amour toujours présent en vous de briller ; alors les distinctions, les différences n'existent plus. Avez-vous observé comment ceux qui s'aimaient hier se méprisent aujourd'hui ? Leur amour n'a donc jamais été réel. L'attachement induit la colère ; notre but est de ne nourrir ni attachement ni colère. C'est là le véritable amour.

10 novembre – Notre chance de survie

La douce brise rafraîchissante qui nous caressait est devenue un immense ouragan. La terre, qui jusqu'alors avait été notre soutien, nous entraîne maintenant vers l'enfer.

Mais cela n'est pas la faute de la Nature. Nous récoltons les fruits de notre iniquité, comme l'homme qui gagne sa vie en vendant des cercueils et qui finit à l'intérieur de l'un d'eux. Nous creusons notre propre tombe. Maintenant tout le monde a peur. La protection de la Nature devrait être notre priorité. C'est seulement ainsi que nous avons une chance de survivre. Il faut que nous arrêtions de détruire la Nature pour de l'argent, à des fins égoïstes. En outre, chacun d'entre vous devrait s'efforcer de planter des arbres près de chez lui.

11 novembre – **Poser des actes généreux**

Le but de la charité, c'est de libérer notre mental de son égoïsme tout en procurant aux pauvres ce dont ils ont besoin. Notre avarice se manifeste cependant jusque dans les actes charitables. Même quand il s'agit de faire une offrande à la divinité du temple, nous lésinons. L'abandon réel à Dieu ne se réduit pas à des paroles, il se manifeste par des actes.

12 novembre – **Se relever toujours**

Il se peut que nous commettions beaucoup de fautes à mesure que nous avançons dans la vie. Mais cela ne doit pas décourager les enfants d'Amma. Si vous chutez, pensez simplement que vous avez chuté pour vous relever. Ne restez pas là allongé en pensant que c'est confortable. Et ne soyez pas non plus catastrophé par votre chute. Essayez de vous relever et de vous remettre en route.

13 novembre – Nul autre ami que Dieu

Tous les êtres vivants recherchent l'amour. Tant que nous le cherchons dans le monde, nous souffrons, comme le moucheron qui périt dans le feu. Toute quête d'amour en ce monde aboutit à la souffrance. Telle est notre expérience actuelle. Il est impossible de trouver le véritable amour ; celui qui existe en ce monde est artificiel, comme la lampe qu'utilise le pêcheur. Il lance son filet, allume de puissants projecteurs et attend. Attiré par leur éclat, le poisson arrive. Le filet est bientôt plein et le pêcheur remplit son panier. Les gens s'aiment d'un amour égoïste.

Quand les autres nous témoignent de l'amour, nous nous rapprochons d'eux en croyant qu'ils nous apporteront la paix. Mais nous ne voyons pas que le miel qu'ils nous offrent est une goutte sur la pointe d'une aiguille. Si nous essayons de savourer le miel, l'aiguille nous percera la langue. Voyez donc la vérité et avancez. Sachez que nous n'avons pas d'autre ami que Dieu ; ainsi, vous ne vous désolerez pas.

14 novembre – Équanimité

La louange et le blâme se situent sur le plan physique, non sur celui du Soi. Nous devrions les considérer comme équivalents. Mieux vaut apprendre à garder son équanimité face à l'amour et à la colère, aux compliments et aux réprimandes. Nous ne progresserons qu'à cette condition.

15 novembre – Les ondes de la compassion

Quand elle imprègne nos actions, la compassion propage des ondes qui influencent les autres. De telles actions nous permettent de recevoir la grâce divine. Un mental que le succès ne bouffit pas d'orgueil, un mental que l'échec ne fait pas faiblir, un mental qui se plaît à donner, un mental qui accepte les critiques de bonne grâce, voilà le mental qu'il nous faut. Avec un tel mental, impossible d'échouer. Et même en cas d'échec, pas d'effet négatif. Il peut arriver que les circonstances extérieures ne soient pas favorables mais un tel mental évite de ressasser les déconvenues ou les échecs ; il permet de témoigner de la gratitude envers tout ce qui arrive dans la vie.

16 novembre – Journée internationale de la tolérance

Écoutez toujours avec une grande attention ce que chacun vous dit. Ne comparez pas. Nous devons nous mettre au niveau de chaque personne. C'est seulement ainsi que nous pourrons comprendre les soucis des autres, répondre de manière appropriée et les consoler.

17 novembre – Une vie bénéfique aux autres

Une question se pose à nous : comment vivre cette vie que Dieu nous a donnée ? Quatre hommes reçoivent chacun un morceau de pain. Le premier le mange dès qu'on le lui donne. Le deuxième saisit la part du troisième et la mange en plus de la sienne. Le quatrième donne la moitié de son pain au troisième qui a perdu le sien.

Le comportement du premier homme correspond à sa nature. Il pense à son propre bonheur. Il ne fait de mal à personne et n'aide personne. La conduite du deuxième est une déformation de la nature normale. Pour satisfaire son désir égoïste, il est capable de nuire aux autres. Quant à la conduite du quatrième homme, elle est régie par un raffinement authentique. Il donne aux autres ce qu'il a et fait passer le bien du monde avant son propre bonheur. Cette vie qui nous est donnée, faisons en sorte qu'elle soit bénéfique aux autres. C'est cela la vraie culture, le vrai raffinement.

18 novembre – Célébrer Dieu en toutes choses

Nous devrions pouvoir penser à Dieu dans chacun de nos actes. Avant de nous asseoir, par exemple, nous devrions toucher notre siège et nous prosterner intérieurement devant, en imaginant notre divinité d'élection. Quand nous nous relevons, nous devrions faire de même. Quand nous prenons un objet, quel qu'il soit, nous devrions lui montrer notre respect de cette façon, imaginant la divinité à l'intérieur de l'objet. Si nous gardons ainsi notre vigilance, notre mental sera toujours fixé sur Dieu et ne se tournera pas vers les objets du monde.

19 novembre – Être conscient des conséquences

Ne vous occupez pas de ce que font les autres. Agissez selon votre conscience et Dieu ne vous abandonnera jamais. Ceux qui commettent de mauvaises actions en vue d'un bénéfice immédiat ignorent la souffrance qui les attend. Il leur faudra subir les conséquences de leurs actes demain, si ce n'est aujourd'hui.

20 novembre – Journée mondiale de l'enfance

Il suffit de marcher dix fois sur l'herbe pour y tracer un chemin. Mais peu importe combien de fois nous faisons le même trajet sur le rocher, aucun chemin n'apparaît. De même, quand on inculque des valeurs nobles à un esprit jeune, elles se gravent vite profondément en lui. Une fois que l'enfant est adulte, ce sont ces valeurs qui le guident.

On peut modeler n'importe quelle forme dans l'argile tant qu'elle n'est pas passée au four. Mais une fois qu'elle est cuite, il n'est plus possible de modifier la forme. Il nous faut donc enseigner des valeurs nobles à nos enfants avant que leur mental se durcisse dans la chaleur du matérialisme de ce monde.

21 novembre – Parlez à Dieu de votre joie !

Si quelqu'un vous apporte de la joie, dites-le aussi à Dieu. Oublier Dieu dans les moments de bonheur et ne songer à lui que dans la peine n'est pas un signe de vraie dévotion.

22 novembre – Amour ou attachement ?

« Est-ce que j'aime vraiment ou est-ce que je suis trop attaché ? » Posez-vous la question aussi profondément que possible. Méditez là-dessus. Vous comprendrez bien vite que l'amour que nous connaissons est en réalité de l'attachement. La plupart des gens sont avides d'attachement et non d'amour vrai. Selon Amma, il s'agit donc d'une illusion. D'une certaine manière, nous nous trahissons nous-mêmes. Nous prenons l'attachement pour de l'amour. L'amour est le centre et l'attachement la périphérie. Demeurez au centre et détachez-vous de la périphérie. La douleur disparaîtra.

23 novembre – **Se faire petit**

Pour construire une barque, on fait chauffer le bois afin de le plier selon la forme désirée. On peut dire que cette opération donne au bois sa vraie forme. Ainsi, l'humilité révèle notre vraie forme. Si le fil est épais ou échevelé, il ne passe pas dans le chas de l'aiguille. Il doit se faire mince. Cet abandon de la part du fil lui permet d'assembler d'innombrables morceaux de tissu. L'abandon de soi est également le principe qui mène le soi individuel au Soi suprême. Tout cela est en nous, mais pour le trouver, il est nécessaire de fournir un effort constant.

24 novembre – **Voir son propre Soi en l'autre**

Mes enfants, efforçons-nous de cultiver la compassion. Nous devrions éprouver le désir ardent de servir ceux qui souffrent. Soyons prêts à œuvrer pour le bien du monde en toutes circonstances.

Beaucoup de gens méditent simplement en fermant les yeux, ou bien ils attendent que le troisième œil s'ouvre afin de transcender la vision ordinaire du monde. Ils ne réussiront pas. Il est important de méditer, mais cela ne suffit pas. Il est impossible, au nom de la spiritualité, de détourner son regard du monde. Réaliser le Soi, c'est être capable de voir son propre Soi en tout être vivant, en gardant les yeux ouverts. Voyant son propre Soi en l'autre, il faut l'aimer et le servir. C'est ainsi que la pratique spirituelle atteint la perfection.

25 novembre – **Aucun mépris**

Ne donnez jamais rien avec mépris. Les actes et les mots aimants sont les meilleures aumônes.

26 novembre – **Soyons sincères !**

Comme rien n'est séparé de Dieu, les gens soutiennent que les plaisirs du monde ne devraient pas constituer un obstacle. Certes, si l'on peut penser à Dieu en toutes circonstances. Mais en sommes-nous capables ? Quand nous mangeons une sucrerie, en goûtons-nous la douceur ou bien pensons-nous à Dieu ? Si vous pouvez ne songer à rien d'autre qu'à Dieu, même à cet instant-là, alors il n'y a pas de problème, vous pouvez suivre cette voie.

27 novembre – **Déposer son fardeau**

Pratiquer le détachement est indispensable non seulement pour le chercheur spirituel mais encore pour toute personne qui désire accroître son potentiel et sa paix intérieure. Être détaché, cela signifie devenir témoin dans toutes les expériences de la vie.

L'attachement constitue un fardeau pour le mental alors que le détachement l'allège. Plus le mental est chargé, plus il est tendu, plus il désire intensément être soulagé. Dans le monde actuel, les gens sont mentalement de plus en plus encombrés de pensées négatives. Cela engendre naturellement un désir profond et ardent, un besoin authentique de détachement.

28 novembre – **Les limites de l'effort**

Les êtres humains font l'erreur de croire qu'ils peuvent arriver à tout par l'effort. En réalité, l'effort est l'orgueil qui est en nous. Dans notre voyage vers Dieu, tous les efforts qui proviennent de l'ego sont réduits en miettes et aboutissent à l'échec. Il s'agit là d'un message divin qui nous indique que l'abandon de soi et la grâce sont nécessaires. Cela nous permet finalement de comprendre les limites de nos efforts, de notre ego. La persévérance nous enseigne qu'à eux seuls les efforts ne suffisent pas pour atteindre le but. En définitive, le facteur déterminant, c'est la grâce.

Qu'il s'agisse de réaliser Dieu ou de satisfaire des désirs profanes, c'est la grâce qui nous amène au but.

***29 novembre* – Porter les bonnes lunettes**

Les Écritures disent que chacun de nous voit le monde au travers de lunettes teintées. Nous voyons dans le monde ce que nous y projetons. Si nous le regardons avec les yeux de la haine et de la vengeance, le monde nous apparaîtra exactement de cette manière. Mais si nous le regardons avec les yeux de l'amour et de la compassion, nous ne verrons partout que la beauté de Dieu.

***30 novembre* – La liberté inviolable de l'autre**

Mettre des oiseaux ou des animaux en cage est du même ordre que de jeter un humain en prison. La liberté est le droit de naissance des êtres vivants. Qui sommes-nous pour supprimer cette liberté ?

DÉCEMBRE

1er décembre – Harmoniser les notes de la vie

Nous vivons à une époque scientifique. L'intellect et la faculté de raisonner ont atteint des hauteurs vertigineuses, mais curieusement, la foi et la confiance de ceux dont l'intellect est le plus développé se cantonnent aux voitures, aux télévisions et aux ordinateurs – objets qui risquent à tout instant de se détériorer ou de tomber en panne. Nous sommes profondément attachés à ces choses et aux petits conforts qu'elles nous procurent. Si elles s'abîment ou sont détruites, nous nous hâtons de les réparer. Mais nous ne comprenons pas qu'en fait, la réparation urgente, c'est nous qui en avons besoin, car nous avons perdu la foi en notre soi, la foi en notre cœur et ses perceptions délicates. La même personne qui fait preuve d'une grande patience pour réparer sa télévision ou son ordinateur n'en a aucune quand il s'agit d'harmoniser les notes de sa propre vie.

2 décembre – **Majestueux et puissants**

Quand vous êtes relié à Dieu, le Soi, la source de toute puissance, votre énergie ne connaît pas de baisse de tension. Vous êtes branché sur votre potentiel infini. Soyez donc conscient de votre puissance et de votre force immenses. Vous êtes l'énergie cosmique, le Dieu omnipotent.

3 décembre – **Aucun effort n'est vain**

Certains diront peut-être que le monde restera le même, quels que soient nos efforts pour le transformer, et qu'il est aussi vain de travailler à la paix que de vouloir redresser la queue recourbée d'un chien. Nous aurons beau essayer, la queue reprendra aussitôt sa forme primitive. Mais grâce à cet effort constant, même si la queue ne se redresse pas, nos muscles se développent. Ainsi, peu importe qu'ils soient ou non couronnés de succès, nos efforts en vue d'instaurer la paix dans le monde nous rendront meilleurs, et même si un changement visible ne se produit pas, cette évolution individuelle finira par susciter une transformation dans le monde. S'il existe une certaine harmonie dans le monde actuel, elle est le fruit de tels efforts.

4 décembre – Discerner pour connaître

Le discernement est l'interrupteur qui allume la lumière de la connaissance. Ceux qui ont du discernement seront en mesure de comprendre le message caché derrière chaque expérience, qu'elle soit positive ou négative. Ils accepteront tout ce qui vient à eux avec le sourire.

5 décembre – Journée internationale des bénévoles

Faisons de bonnes actions, cela nous rendra dignes de recevoir la grâce de Dieu. Quand nous allons vers les autres, Dieu vient vers nous. Beaucoup de gens disent : « J'ai fait du *séva*[1] et des pratiques spirituelles pendant tant d'années et voilà tout ce que je récolte ! » Ils n'ont pas la bonne attitude. Qu'ils disent plutôt : « Au moins j'ai pu faire toutes ces pratiques spirituelles. Au moins, j'ai pu rendre tous ces services au monde. » Quand on sème une graine, on ne sait pas si elle va germer ou pas. Si elle ne germe pas, il faudra refaire le semis. Mais cela ne se passe jamais ainsi en ce qui concerne les bonnes actions. Les empreintes de nos bonnes actions ne disparaissent jamais. Ce sont des dépôts garantis qui nous resteront toujours. Ce ne sont pas comme les

1. Service désintéressé envers autrui.

entreprises commerciales où il faut recommencer à zéro si on fait faillite.

6 décembre – Retrouvons nos instincts fondamentaux

On peut aujourd'hui parcourir le monde dans le même temps qu'il aurait fallu autrefois pour traverser sa province ou son pays natal. Les derniers développements dans le domaine des télécommunications nous permettent d'être informés instantanément des événements qui se déroulent dans n'importe quelle partie du monde. Ce qui arrive à un endroit du globe affecte la planète entière, dans une mesure plus ou moins importante. Pourtant, si la technologie a rapproché les pays, elle n'a pas rapproché les cœurs. En vérité, c'est plutôt la division entre les gens qui semble croître.

Les membres d'une même famille, par exemple, bien que proches physiquement, vivent souvent comme des îles que rien ne relie. La connaissance et la puissance acquises par les êtres humains nous ont rendus plus solitaires, plus égoïstes, semant ainsi les graines du conflit.

Les sociétés et les nations sont constituées d'individus. Si nous jetons un regard en arrière, examinant notre histoire, nous voyons que toutes les luttes ont leur source à l'intérieur de l'individu. Et quelle est la cause de ce conflit intérieur ? C'est le manque de conscience de notre nature réelle, de la puissance vivante en nous, qui est une et dont nous faisons tous partie. Le rôle de la spiritualité, de la religion authentique, est d'éveiller cette conscience et de nous aider à développer des vertus telles que l'amour, la sympathie, la tolérance, la patience et l'humilité.

C'est une seule et même Vérité qui se manifeste à travers l'ensemble de la création. Les rivières et les montagnes, les plantes et les animaux, le soleil, la lune et les étoiles, vous et moi ne sommes que différentes expressions de cette unique Réalité. La science moderne, elle aussi, s'approche peu à peu de cette vérité.

Si la paix mondiale doit devenir une réalité, il faut d'abord que la paix et l'harmonie règnent dans le cœur de chaque individu. Il faut éveiller en nous l'amour de l'humanité. L'amour et l'unité ne sont pas étrangers à la nature humaine, ce sont au contraire nos instincts fondamentaux, le fondement même de notre existence.

7 décembre – S'incliner devant l'énergie

Il ne suffit pas de répandre des informations pour éveiller chez autrui le discernement. Seul celui qui a foi en l'existence d'une puissance, sous-jacente à l'univers, qui transcende le mental et l'intellect, peut acquérir du discernement. Cessons d'être orgueilleux et de croire qu'une vie fructueuse dépend de nos seuls efforts. Inclinons-nous devant l'énergie cosmique, et elle coulera à travers nous.

8 décembre – Journée mondiale du climat

Désormais, il ne pleut plus quand il est supposé pleuvoir. S'il vient à pleuvoir, c'est trop ou trop peu, trop tôt ou trop tard. Il en va de même pour l'ensoleillement. De nos jours les êtres humains tentent d'exploiter la Nature, c'est pourquoi il y a des inondations, des sécheresses et des tremblements de terre, et la destruction s'étend partout.

La qualité de la vie a subi un déclin terrible. Beaucoup de gens ont perdu la foi, l'amour, la compassion et l'esprit du travail en commun, main dans la main et cœurs unis. La Nature en est affectée. Elle en viendra à reprendre toutes ses bénédictions et se retournera contre l'homme. La réaction de la Nature risque d'être inimaginable si l'homme continue ainsi.

9 décembre – **De la famille au monde**

Prenons l'exemple du corps humain. C'est l'ensemble du corps, avec ses organes internes et externes, qui doit évoluer dans des proportions harmonieuses, pour en assurer la santé et le bien-être. Si seule la tête grandit, sans que les autres parties du corps ne se développent, la personne sera difforme et en mauvaise santé.

Le même principe s'applique au monde. Comme le corps humain, le monde est un tout, une unité. Les différentes nations en sont les organes. Toutefois, aujourd'hui, chaque pays ne se préoccupe que de sa propre croissance, ignorant les traditions et les sentiments des autres nations et de leur peuple. Si chaque nation est un organe, une partie du corps du monde, comment la croissance d'un seul pays pourrait-elle être considérée comme une croissance globale et intégrée ?

Dans tous les domaines de la vie, les êtres humains établissent des catégories, des compartiments. Ces divisions dans le mental des individus peuvent provoquer des divisions au sein de la famille, qui se reflètent ensuite dans la société, dans la nation et dans le monde entier. Cette attitude mentale se répand comme une maladie contagieuse. À présent, c'est l'humanité tout entière qui se trouve divisée, à l'intérieur comme à l'extérieur. Nous sommes à mille lieues de l'unité et de l'intégration. La cause de cette division et de cette confusion réside dans notre ignorance du principe essentiel de la vie.

10 décembre – Journée des droits de l'homme

Nous sommes sortis de l'époque sombre où l'on croyait que la guerre et la colonisation étaient le devoir des souverains. Toutes les nations, et particulièrement des organisations telles que les Nations Unies, agissent en vue de protéger les droits de l'homme, de décourager l'oppression et la dictature dans tous les domaines. L'harmonie entre les nations n'est possible qu'en élevant le niveau de conscience des individus. Gardant cela à l'esprit, toutes les organisations internationales devraient encourager l'extension de la culture spirituelle et la culture des valeurs humaines.

11 décembre – **Empêcher le mal**

Regarder passivement le mal croître et se développer sans rien faire, sans s'en préoccuper le moins du monde, constitue le plus grave des crimes.

12 décembre – **Force de vie**

La force de vie qui vibre dans les arbres, les plantes et les animaux est la même force de vie qui vibre en nous. La même énergie de vie qui nous donne le pouvoir de parler et de chanter se manifeste dans le chant de l'oiseau et le rugissement du lion. La même conscience qui coule en chaque être humain et le traverse donne son pouvoir au mouvement du vent, au flot de la rivière et à la lumière du soleil. Comment peut-on éprouver le moindre sens de la différence, une fois ce principe subtil compris ?

Si nous évaluons notre croissance et notre développement à la lumière de cette grande vérité, nous pouvons nous interroger : les êtres humains se sont-ils réellement développés ? Y a-t-il eu la moindre croissance ? Le progrès que nous voyons aujourd'hui est une croissance partielle. Seuls quelques domaines se développent – le monde dans l'ensemble reste malade. Nous ne pouvons pas parler de réel progrès.

13 décembre – Le plein et le vide

Nous ne devrions manger que pour apaiser notre faim. Les spécialistes de la santé nous suggèrent que pour rester en bonne santé, il ne faut pas remplir plus de la moitié de l'estomac de nourriture, un quart avec de l'eau, le dernier quart demeurant vide.

14 décembre – L'esprit d'harmonie

La paix, ce n'est pas seulement l'absence de guerres et de conflits ; cela va bien au-delà : c'est l'esprit d'harmonie à l'intérieur de nous. La paix doit se cultiver à l'intérieur de l'individu, de la famille et de la société.

15 décembre – Le courant de la compassion

Si vous êtes compatissant, vous ne voyez pas les défauts d'autrui, ni ses faiblesses. Vous ne faites pas de distinction entre bons et mauvais. Vous ne tracez pas de frontière entre deux pays, deux croyances ou deux religions. Vous n'avez pas d'ego, donc pas de peur, de convoitise ou de passion ; vous pardonnez et oubliez, c'est tout. La compassion est comme un couloir. On le traverse sans s'y arrêter, car là où existent l'amour et la compassion véritables, il ne peut y avoir d'attachement. La compassion est l'expression même de l'Amour dans toute sa plénitude.

16 décembre – Tout abandonner à Dieu

Puisque nous nous attachons si facilement à n'importe quel objet en ce monde, pourquoi ne pas nous attacher à Dieu ? Notre langue sait fort bien parler de n'importe quoi ; pourquoi ne pas lui enseigner à répéter notre mantra ? Si nous y parvenons, nous trouverons la paix et ceux qui nous entourent aussi.

Essayez de répéter constamment votre mantra. Ne parlez que de Dieu. Renoncez à tout égoïsme. Abandonnez tout à Dieu : si nous sommes capables de vivre ainsi, nous n'aurons pas à souffrir.

17 décembre – Trouver le temps

Qui le veut vraiment trouve le temps. Même ceux qui répètent sans arrêt qu'ils n'ont pas le temps se précipitent à l'hôpital pour y amener leur enfant malade, n'est-ce pas ? Si le traitement dure trois ou quatre mois, ils ne quittent pas l'hôpital pour aller travailler. Quand la santé de votre enfant est en jeu, vous parvenez toujours à trouver le temps, même si d'habitude vous vous plaignez de passer votre vie à courir. Quand vous aurez compris que Dieu est votre seul protecteur et que vous ne serez pas en paix tant que vous n'aurez pas pris refuge en lui, alors vous trouverez le temps.

18 décembre – **Retourner l'adversité**

Seul un traitement déplaisant nous incitera à nous examiner attentivement, ce que nous ne ferions pas en n'étant entourés que de gens qui nous aiment. Si nous rencontrons de l'hostilité, demandons-nous : « D'où vient leur attitude envers moi ? Quelles fautes ai-je donc commises pour mériter un pareil traitement ? » Les accusations lancées contre nous nous permettront ainsi de grandir spirituellement.

19 décembre – **Béatitude**

Offrons notre mental à Dieu. Ce n'est pas facile, car le mental n'est pas un objet qu'on peut simplement prendre et donner. Mais quand nous abandonnons un objet auquel le mental est attaché, cela équivaut à offrir le mental à Dieu. Donner les biens auxquels le mental est attaché revient à faire don du mental. Seules les prières d'un cœur qui a développé cette attitude d'abandon portent leurs fruits. Dieu n'a pas besoin de notre fortune ni de notre prestige. Le soleil n'a pas besoin de la lumière d'une chandelle. C'est nous qui bénéficions de notre abandon à Dieu car, ainsi, nous devenons aptes à recevoir la grâce de Dieu, ce qui nous permet ensuite de savourer la béatitude éternelle. Notre richesse matérielle s'évanouira un jour ou l'autre, c'est inévitable. Mais si nous aimons Dieu au lieu d'aimer les biens matériels, nous posséderons la joie éternelle.

20 décembre – Journée internationale de la solidarité humaine

Plus nous faisons de place aux autres dans notre cœur, plus nous sommes heureux. Plus notre ego grossit, moins nous sommes heureux. La loi de la nature et de la vie, c'est l'altruisme. C'est pourquoi les gens qui ne maîtrisent ni leur ego ni leur égoïsme ne peuvent pas profiter pleinement de l'existence : ils essaient de vivre à l'encontre de la loi de la nature.

21 décembre – Chaque jour, travailler sur soi

Il n'est possible de transformer la société de façon durable et positive qu'en corrigeant le mental humain. Après avoir détruit de l'intérieur les impuretés telles que l'égoïsme, la jalousie, la haine et la colère, la religion allume la lampe de l'amour dans le cœur de l'homme. Le devoir de la religion est d'inculquer aux gens des vertus, de modeler leur caractère et de remplir leur esprit d'amour et de sollicitude pour leurs frères humains.

22 décembre – **Un esprit de coopération qui mène à la paix**

Si nous donnons au cœur toute sa place dans notre vie, cela engendre en nous une attitude de compromis, une flexibilité qui permet de donner et de prendre. En même temps que l'aptitude au discernement, se développe naturellement en nous l'ouverture du cœur, une attitude de coopération et de compromis. Aujourd'hui, notre intellect reste confiné aux limites de notre égocentrisme, notre faculté de discernement n'a pas été développée. C'est là une grande déficience car, sans coopération, il est difficile à la société de progresser. C'est l'esprit de coopération qui mène à la paix.

23 décembre – **Lui dédier toute chose**

Nous pouvons agir cent fois de façon correcte, mais une erreur suffit pour que les gens nous renient. Par contre même après cent fautes, Dieu nous accepte pour une seule action juste. C'est pourquoi, mes enfants, ne vous attachez qu'à Dieu. Dédiez-lui toute chose.

24 décembre – **Revivifier sa spiritualité**

Tous les problèmes qui existent dans le monde actuel ont une cause fondamentale : le manque d'amour et de compassion. Le chaos et la confusion qui règnent dans nos vies personnelles, au sein des nations et dans le monde entier viennent de notre incapacité à mettre en pratique dans notre vie quotidienne ce que les religions nous enseignent réellement. La spiritualité doit devenir partie intégrante de notre vie. Il faut lui redonner du souffle. Un renouveau, un regain de vitalité lui sont nécessaires. Alors seulement, la compassion et l'amour pourront s'épanouir en nous. Eux seuls balaieront l'obscurité, apportant la lumière et la pureté au monde.

25 décembre – **Le message de Dieu**

La naissance de Jésus révèle un principe spirituel profond. Jésus n'est pas né dans un superbe palais. Il est né dans un endroit modeste, dans le coin d'une étable. Ses parents n'étaient ni riches ni lettrés. Leur seule richesse était leur pureté mentale. De plus, hormis quelques privilégiés, très peu de gens ont entendu parler de sa naissance. L'enseignement à en tirer, c'est que l'éveil spirituel vient aux chercheurs humbles et patients. Videz-vous de votre ego et je viendrai demeurer en vous – telle est l'essence du message de Dieu.

26 décembre – **Entrez !**

En entrant dans un temple, vous n'éprouvez pas la même sensation qu'en entrant dans un bureau. N'y règne-t-il pas une paix spéciale, une fraîcheur particulière ? Le souvenir constant de Dieu crée une atmosphère de cette qualité. Ce n'est pas une perte de temps d'aller au temple. Quelques grands sages voient Dieu en tout, mais on peut les compter sur les doigts. Ils n'ont pas besoin de temples. Les autres, qui ne peuvent accéder à la vérité suprême, peuvent s'aider de ces supports.

27 décembre – **Trouvez votre propre harmonie intérieure**

Le problème, ce n'est pas le monde. Le problème, c'est le mental humain. C'est l'ego déchaîné qui rend le monde problématique. Un peu plus de compréhension et de compassion peut engendrer un changement profond.

L'ego gouverne le monde. Les êtres humains sont les victimes impuissantes de leur ego. Il est difficile de trouver des personnes sensibles, au cœur plein de compassion. Trouvez votre propre harmonie intérieure, le magnifique chant de la vie et de l'amour qui existe en vous. Allez servir ceux qui souffrent. Apprenez à faire passer les autres avant vous.

Sous prétexte d'aimer et de servir les autres, ne tombez pas amoureux de votre propre ego. Gardez l'ego, mais soyez-en le maître. Accordez de la considération à chacun, parce que c'est la porte qui ouvre sur Dieu, sur le Soi.

28 décembre – L'amour de la vie, de Dieu, de la création

Trois expressions de l'amour éveillent cette puissance illimitée du Soi qui est en nous : l'amour de soi, l'amour de Dieu et l'amour pour l'ensemble de la création. L'amour de soi, ce n'est pas l'amour égocentrique qui jaillit de l'ego. L'amour de soi, c'est l'amour de la vie ; c'est considérer la vie humaine en tant que telle, avec ses succès et ses échecs, comme une bénédiction. C'est aimer la puissance divine qui demeure en nous. Cet amour-là grandit et se transforme en amour de Dieu. Si ces deux éléments sont présents, le troisième, l'amour de toute la création, se manifeste naturellement.

29 décembre – Nul n'est une île

Nul n'est une île solitaire ; nous sommes tous des maillons de la grande chaîne de la vie. Que nous en soyons conscients ou non, chacun de nos actes a un effet sur les autres. Les ondes de joie et de chagrin, les pensées, bonnes ou mauvaises, émanant de chaque être vivant imprègnent l'ensemble de l'univers et influencent chacun de nous. Le cosmos entier vit dans un état de dépendance et de soutien mutuel. La douleur de tout être vivant en ce monde est la nôtre et son bonheur est aussi le nôtre. Il nous est impossible de faire du mal, même à une petite fourmi, sans nous faire du mal. Nuire aux autres, c'est se nuire à soi-même ; aider les autres, c'est s'aider soi-même.

30 décembre – Notre première mère

Notre première mère, c'est la Nature. Elle nous nourrit pendant toute la durée de notre vie. Notre mère physique nous permet peut-être de nous asseoir sur ses genoux pendant quelques années mais la Nature supporte patiemment notre poids tout au long de notre vie. Elle nous chante des berceuses, nous nourrit et nous caresse. De même qu'un enfant a des obligations envers sa mère, nous devrions tous avoir le sentiment d'une dette, d'une responsabilité envers mère Nature. Oublier cette responsabilité revient à nous oublier nous-mêmes. Si nous oublions la Nature, nous cesserons d'exister ; agir ainsi, c'est emprunter le chemin qui mène à la mort.

31 décembre – Que votre vie se transforme en offrande

Que la compassion vous attendrisse les yeux. Que vos têtes s'inclinent humblement. Que vos mains soient toujours vouées à servir. Que vos oreilles soient toujours prêtes à écouter ceux qui souffrent. Que votre langue prononce des paroles de vérité et de bienveillance. Que vos pieds ne quittent jamais le droit chemin. De cette façon, que votre vie se transforme en cadeau pour le monde. Amma offre cette prière à la Conscience universelle.

TABLE

RÉALISATION : NORD COMPO À VILLENEUVE-D'ASCQ
IMPRESSION : CPI FRANCE
DÉPÔT LÉGAL : OCTOBRE 2020. N° 143131 (3039497)
IMPRIMÉ EN FRANCE

Éditions Points

Collection Points Vivre

P1281. L'Évangile selon saint Loubard, *Guy Gilbert*
P1855. Restez zen. La méthode du chat, *Henri Brunel*
P3378. Faire la paix avec soi. 365 méditations quotidiennes *Etty Hillesum*
P3379. L'amour sauvera le monde, *Michael Lonsdale*
P3380. Le Jardinier de Tibhirine *Jean-Marie Lassausse, avec Christophe Henning*
P3381. Petite philosophie des mandalas. Méditation sur la beauté du monde, *Fabrice Midal*
P3382. Le bonheur est en vous, *Marcelle Auclair*
P3383. Divine Blessure. Faut-il guérir de tout ? *Jacqueline Kelen*
P4033. Jésus, un regard d'amour, *Guy Gilbert*
P4034. Anna et Mister God, *Fynn*
P4035. Le Point de rupture, *Marie Lise Labonté*
P4082. Devance tous les adieux, *Ivy Edelstein*
P4083. Contre vents et marées, *Denis Ledogar*
P4084. Cœur pur. Journal zen et lettres de Maura « Soshin » O'Halloran *Maura O'Halloran*
P4121. Une journée, une vie. Fragments de sagesse dans un monde fou, *Marc de Smedt*
P4122. Tout ce qui compte en cet instant. Journal de mon jardin zen, *Joshin Luce Bachoux*
P4123. Guide spirituel des lieux de retraite dans toutes les traditions, *Anne Ducrocq*
P4149. L'Évangélisation des profondeurs. Un chemin vers l'unité intérieure, *Simone Pacot*
P4150. Apprivoiser son ombre. Le côté mal aimé de soi *Jean Monbourquette*
P4151. La Pratique du bonheur, *Marcelle Auclair*
P4182. Tout est en vous. Paroles d'Amma *Mata Amritanandamayi*
P4183. Quatre actes de présence. Vivre ici et maintenant *Sylvie Germain*
P4267. Il fait Dieu, *Didier Decoin*
P4268. De la mélancolie, *Romano Guardini*
P4291. Éloge du désir, *Blanche de Richemont*
P4292. Toi et moi, j'y crois, *Philippe Pozzo di Borgo*
P4293. Les Sept Dernières Paroles du Christ, *Timothy Radcliffe*

P4294. Plus de peurs que de mal, *André Charbonnier*
P4360. Amour, invincible amour, *Jacqueline Kelen*
P4361. Laisse Dieu être Dieu en toi. Petit traité de la liberté intérieure, *Jean-Marie Gueullette*
P4397. Reviens à la vie ! Cinq repères essentiels pour avancer *Simone Pacot*
P4398. Aime à tout casser !, *Guy Gilbert*
P4399. Le Bonheur plus fort que l'oubli. Comment bien vivre avec Alzheimer, *Colette Roumanoff*
P4442. Rien de ce qui est inhumain ne m'est étranger. Éloge du combat spirituel, *Martin Steffens*
P4443. Avec Dieu au Goulag. Témoignage d'un jésuite interné vingt-trois ans en Sibérie, *Walter J. Ciszek, avec Daniel Flaherty*
P4444. Petites chroniques de la vie comme elle va *Étienne Gruillot*
P4474. Le Courage d'avoir peur, *Marie-Dominique Molinié*
P4475. La Souffrance désarmée, *Véronique Dufief*
P4535. Le Silence de Dieu. Face aux malheurs du monde *Bertrand Vergely*
P4536. Le Souffle du Maître, *Blanche de Richemont*
P4537. Je crois en l'homme parce que je crois en Dieu *Robert Hossein, avec François Vayne*
P4589. Balade avec Épicure. Voyage au cœur du bonheur authentique, *Daniel Klein*
P4590. Vivre ses désirs, vite !, *Sophie Cadalen et Bernadette Costa-Prades*
P4591. Tisser le lien. Méditations, *Yvan Amar*
P4636. Le Goût de vieillir, *Ghislaine de Sury*
P4637. L'Enfant neuf, *Colette Nys-Mazure*
P4638. Addict. Récit d'une renaissance, *Marie de Noailles, avec Émilie Lanez*
P4670. Méditations sur la vie *Christophe André et Anne Ducrocq*
P4671. Etty Hillesum, *Sylvie Germain*
P4672. Ce qu'Amma dit au monde. Enseignements d'une sage d'aujourd'hui, *Mata Amritanandamayi*
P4731. 40 jours avec Maurice Zundel et les Pères du désert *Patrice Gourrier, Jérôme Desbouchages*
P4732. Ose la vie nouvelle ! Les chemins de nos Pâques *Simone Pacot*
P4776. Sept graines de lumière dans le cœur des guerriers *Pierre Pellissier*
P4777. Rire et Guérir, *Christophe André et Muzo*
P4778. L'Effet haïku. Lire et écrire des poèmes courts agrandit notre vie, *Pascale Senk*

P4779. Il n'est jamais trop tard pour le plus grand amour. Petit traité d'espérance, *Michael Lonsdale*
P4780. Le bonheur quoi qu'il arrive. Propos fulgurants d'Armelle Six, *Robert Eymeri*
P4811. Le Testament du Roc, *Denis Marquet*
P4812. Être là, *Véronique Dufief*
P4839. La Maison Zen. Leçons d'un moine bouddhiste *Keisuke Matsumoto*
P4840. Petit dictionnaire de la joie. Chanter l'instant *Blanche de Richemont*
P4890. En cœur à cœur avec Dieu. Mes plus belles prières *Guy Gilbert*
P4891. Le Choix du cœur. Enseignements d'une sage d'aujourd'hui, *Mata Amritanandamayi*
P4919. Gaspard, entre terre et ciel *Marie-Axelle et Benoit Clermont*
P4920. Kintsukuroi. L'art de guérir les blessures émotionnelles *Tomás Navarro*
P4949. Les Sept Secrets du temps, *Jean-Marc Bastière*
P4977. Journal intime d'un touriste du bonheur *Jonathan Lehmann*
P4979. Faire des pauses pour se (re)trouver, *Anne Ducrocq*
P4980. Guérir de sa famille et enfin vivre sa vie. Les bienfaits de la psychogénéalogie *Michèle Bromet-Camou*
P5034. Moins d'ego, plus de joie ! Un chemin pour se libérer *Christophe Massin*
P5057. Débranchez-vous !, *Matt Haig*
P5069. L'homme qui tartinait une éponge, *Colette Roumanoff*
P5090. Luc, mon frère, *Michael Lonsdale*
P5091. Un haïku chaque jour. Un poème et sa méditation pour être plus présent à la vie, *Pascale Senk*
P5092. 365 Jours avec Rainer Maria Rilke. Paroles d'un maître de vie, *Rainer Maria Rilke*
P5129. Quand notre cœur s'ouvre à la spiritualité *Caroline Coldefy*
P5180. Le Maître du Oui, *Svâmi Prajñânpad*
P5181. Wabi Sabi. L'art d'accepter l'imperfection *Tomás Navarro*